MANDALA COLORING BOOK FOR BEGINNERS

Belongs to

_____

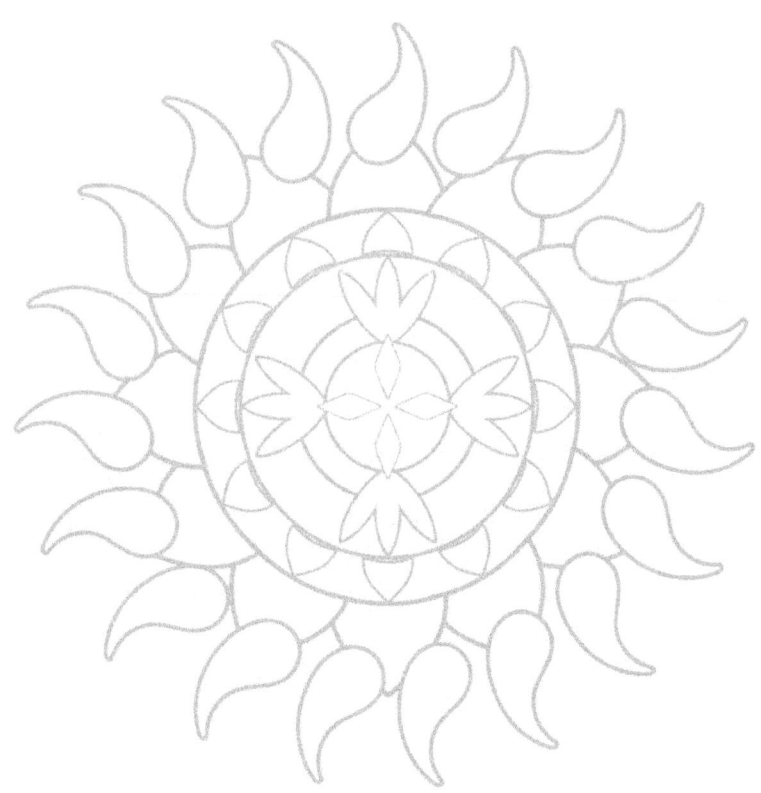

Published by Neaterstuff Publishing

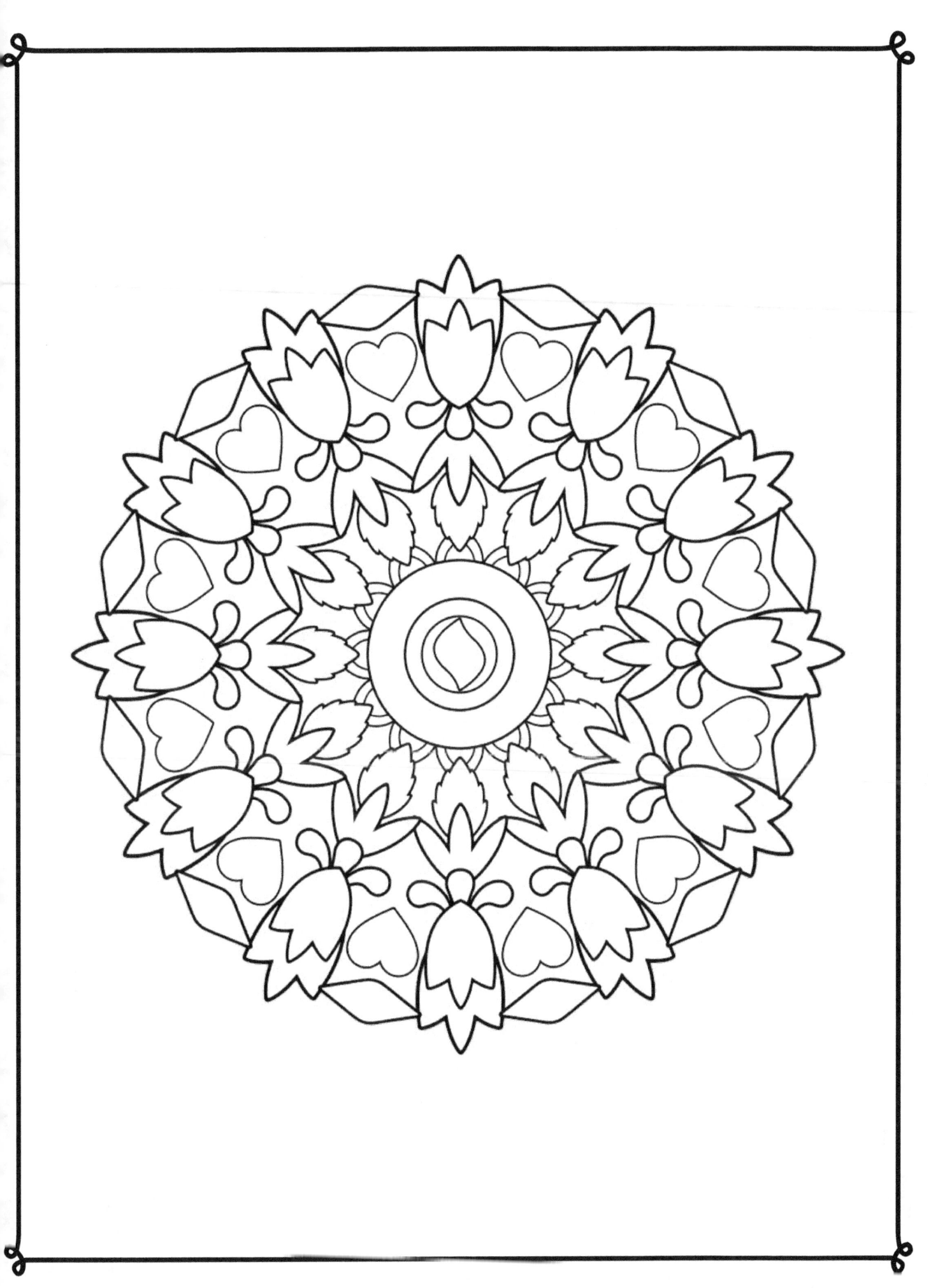

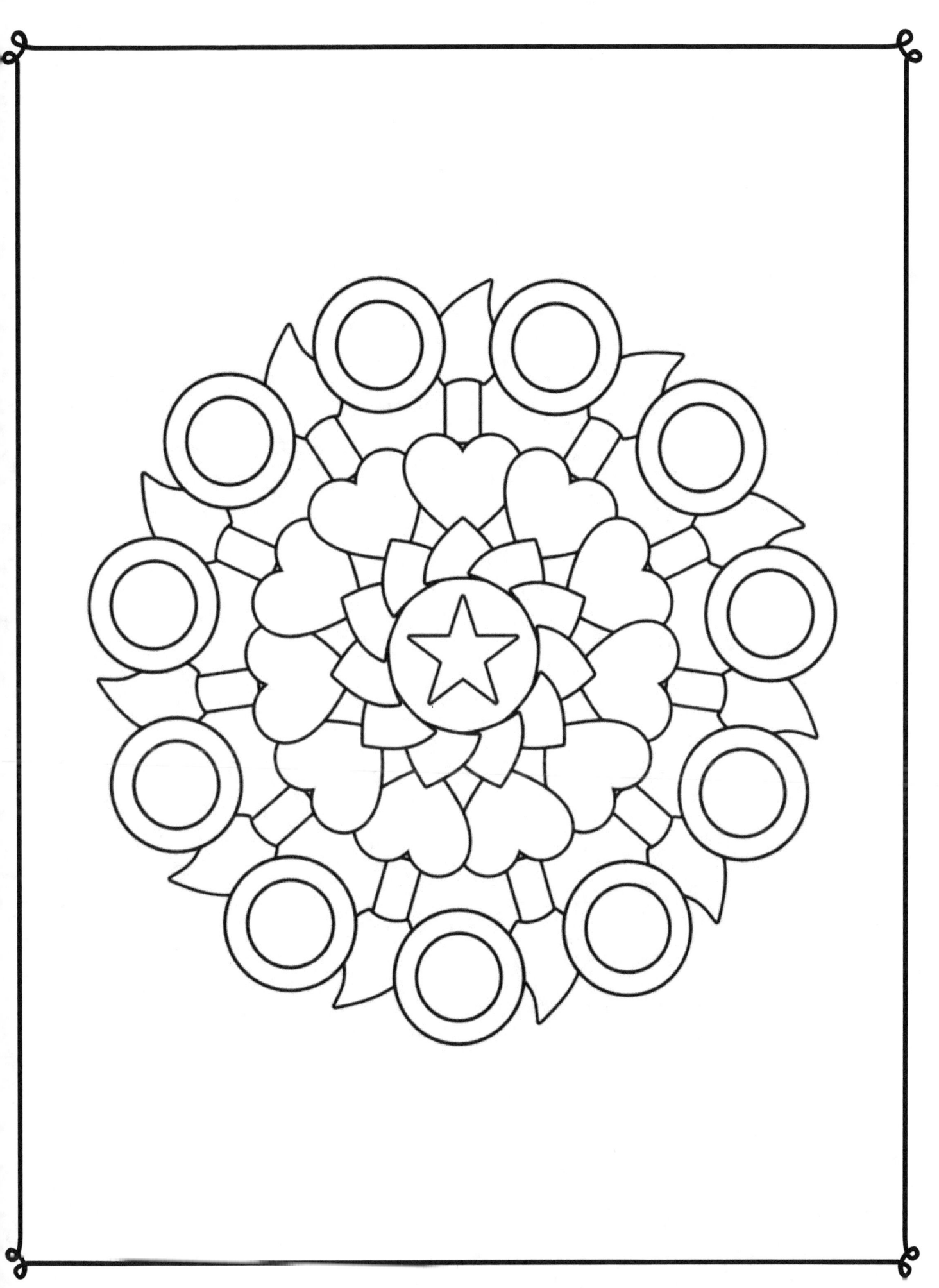

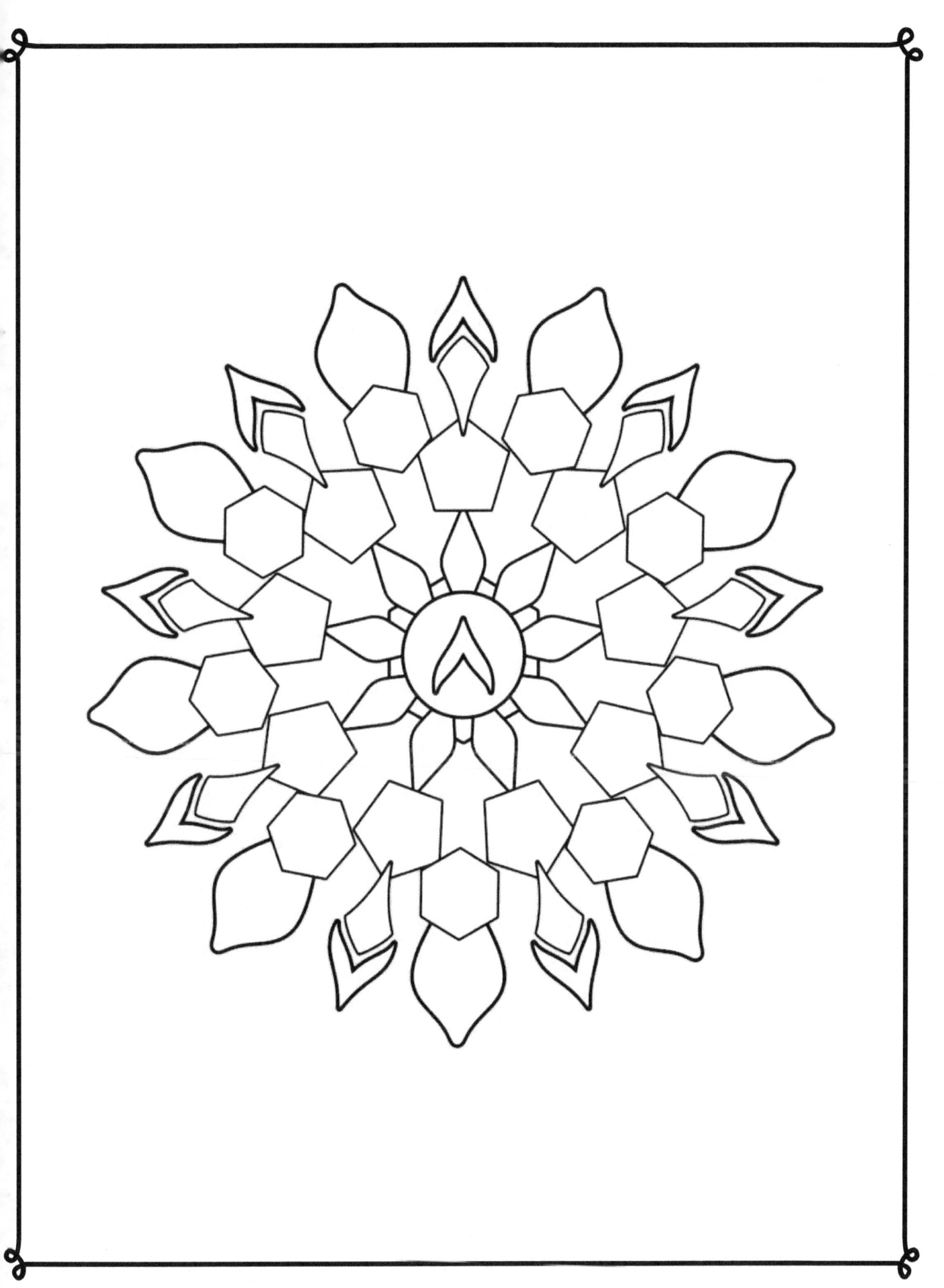

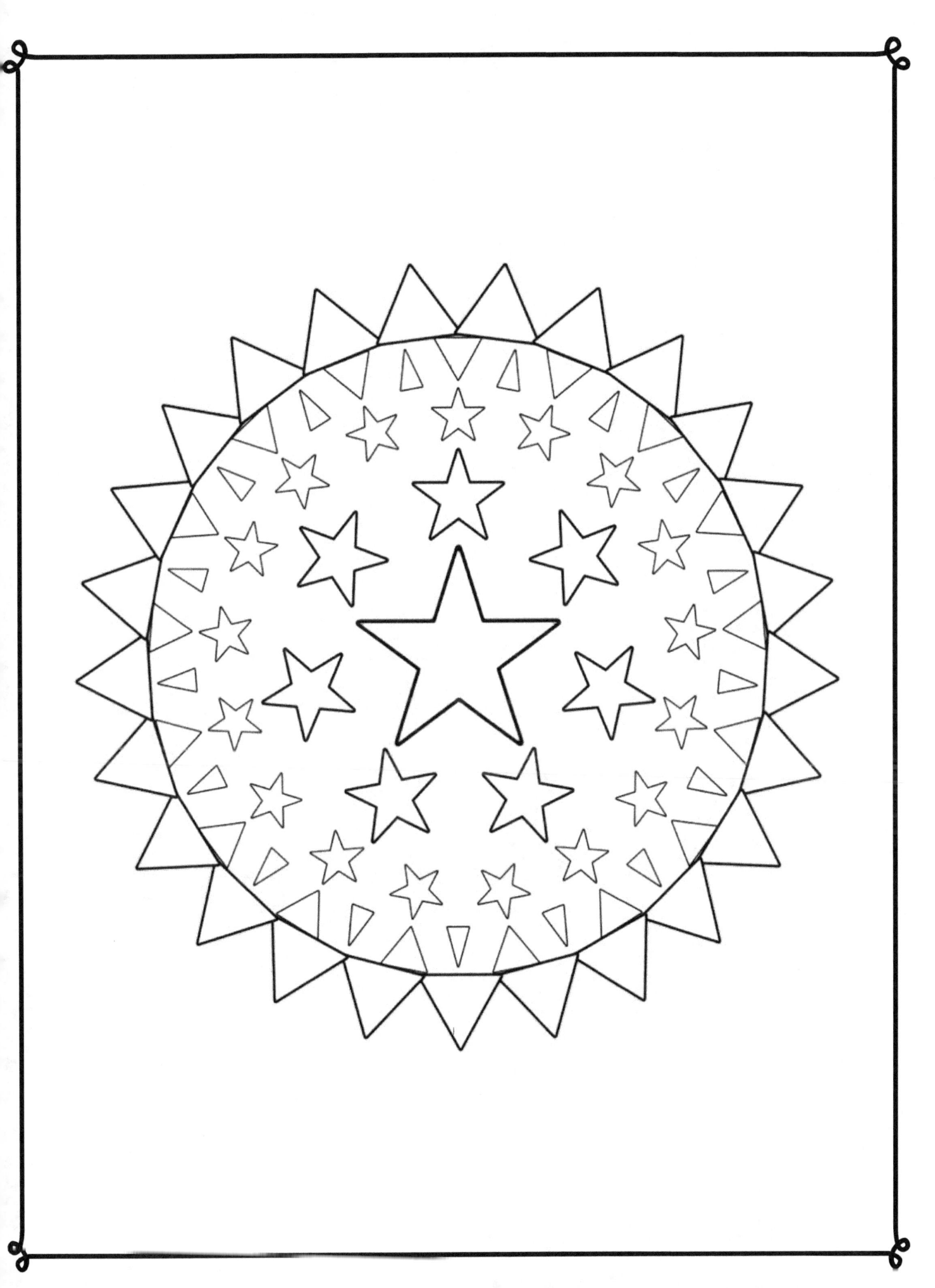

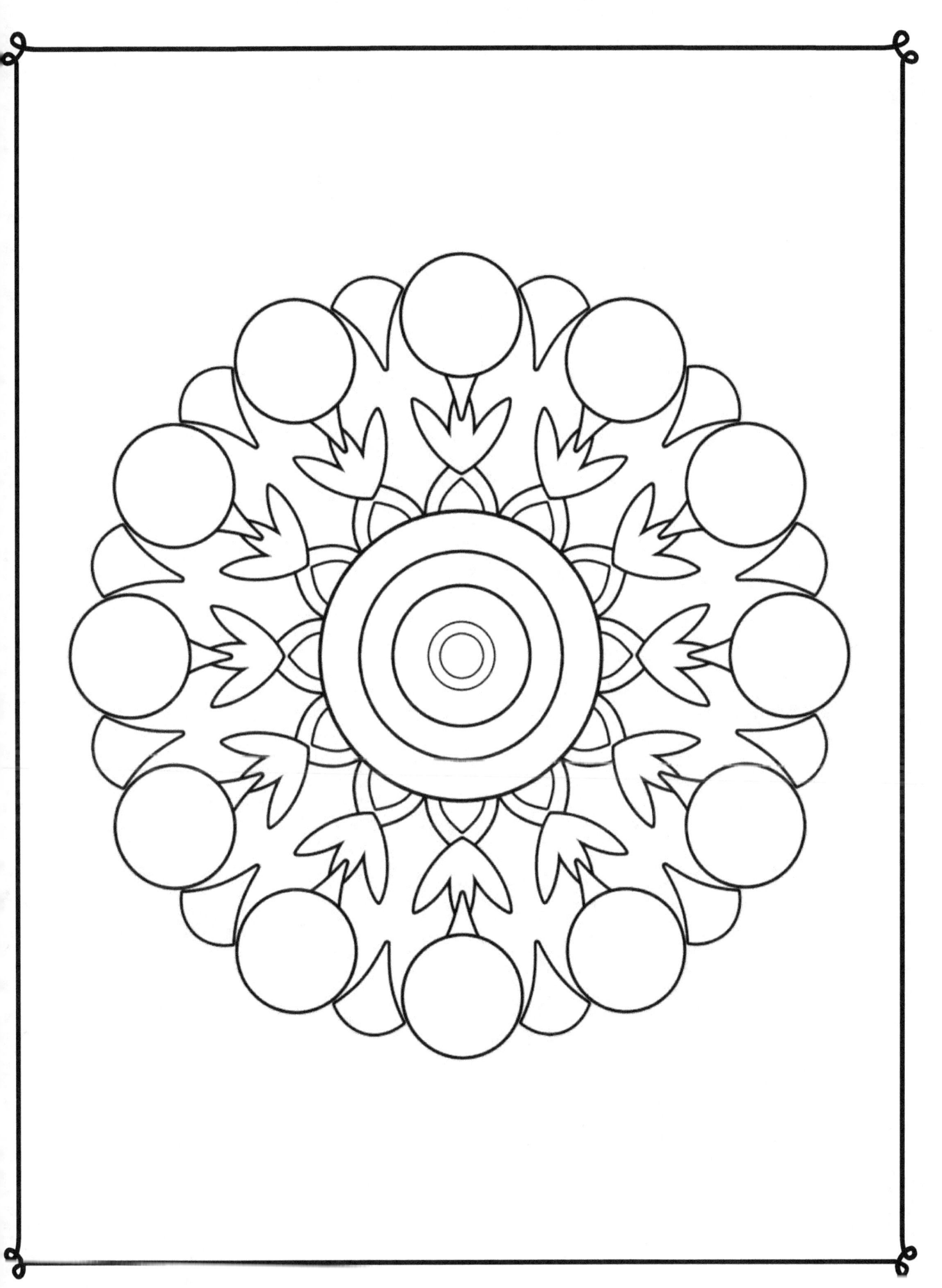

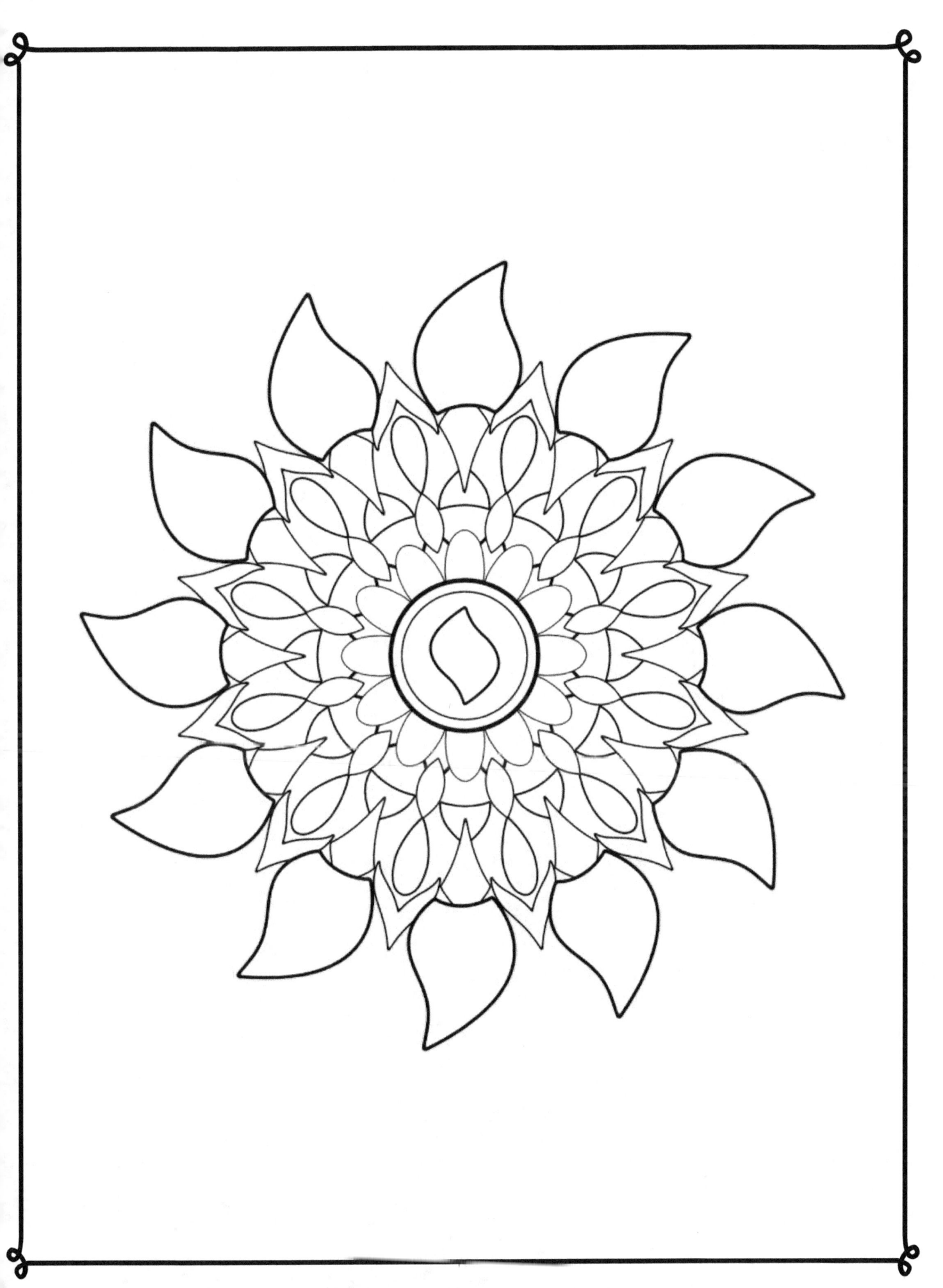

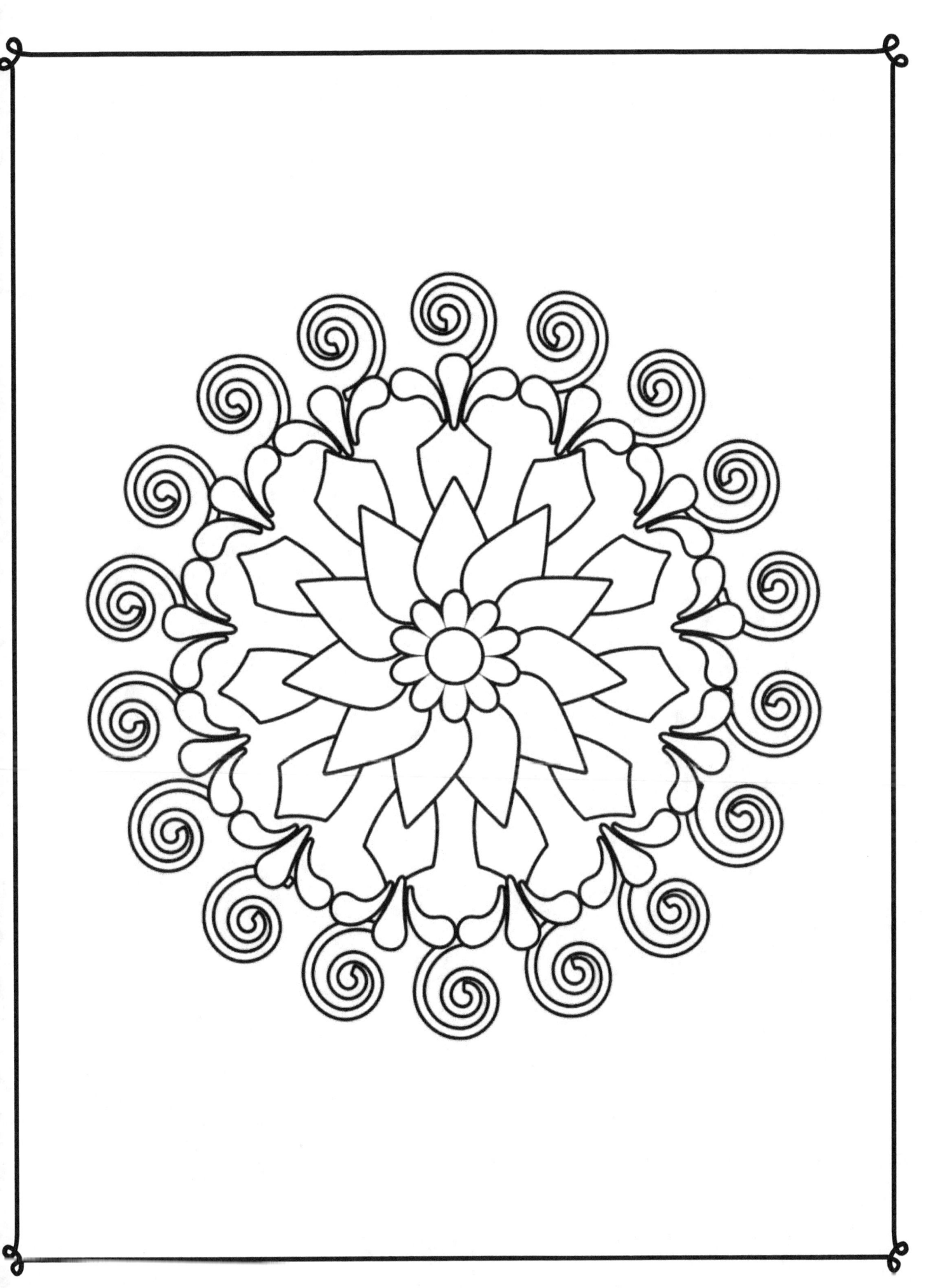

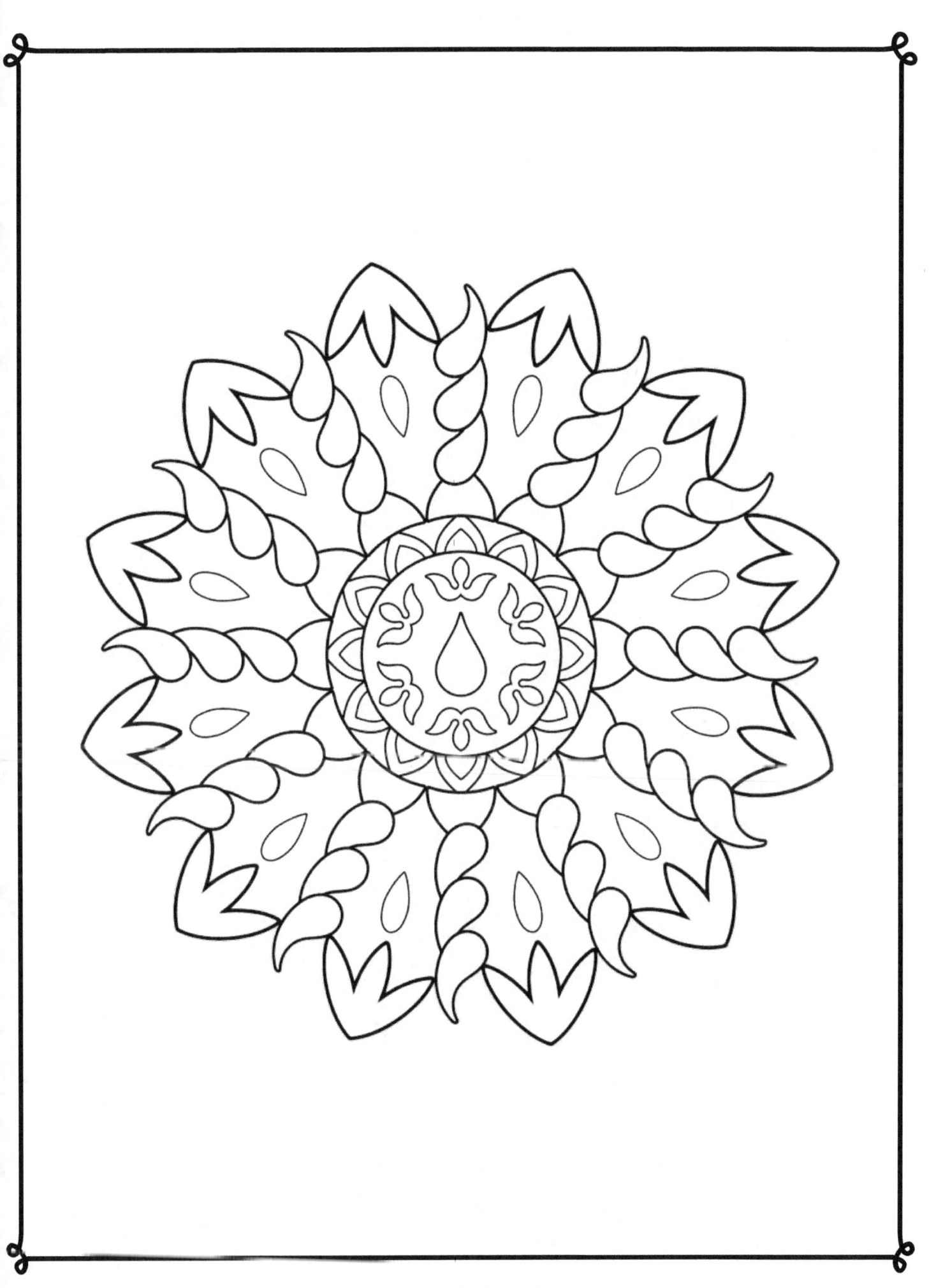

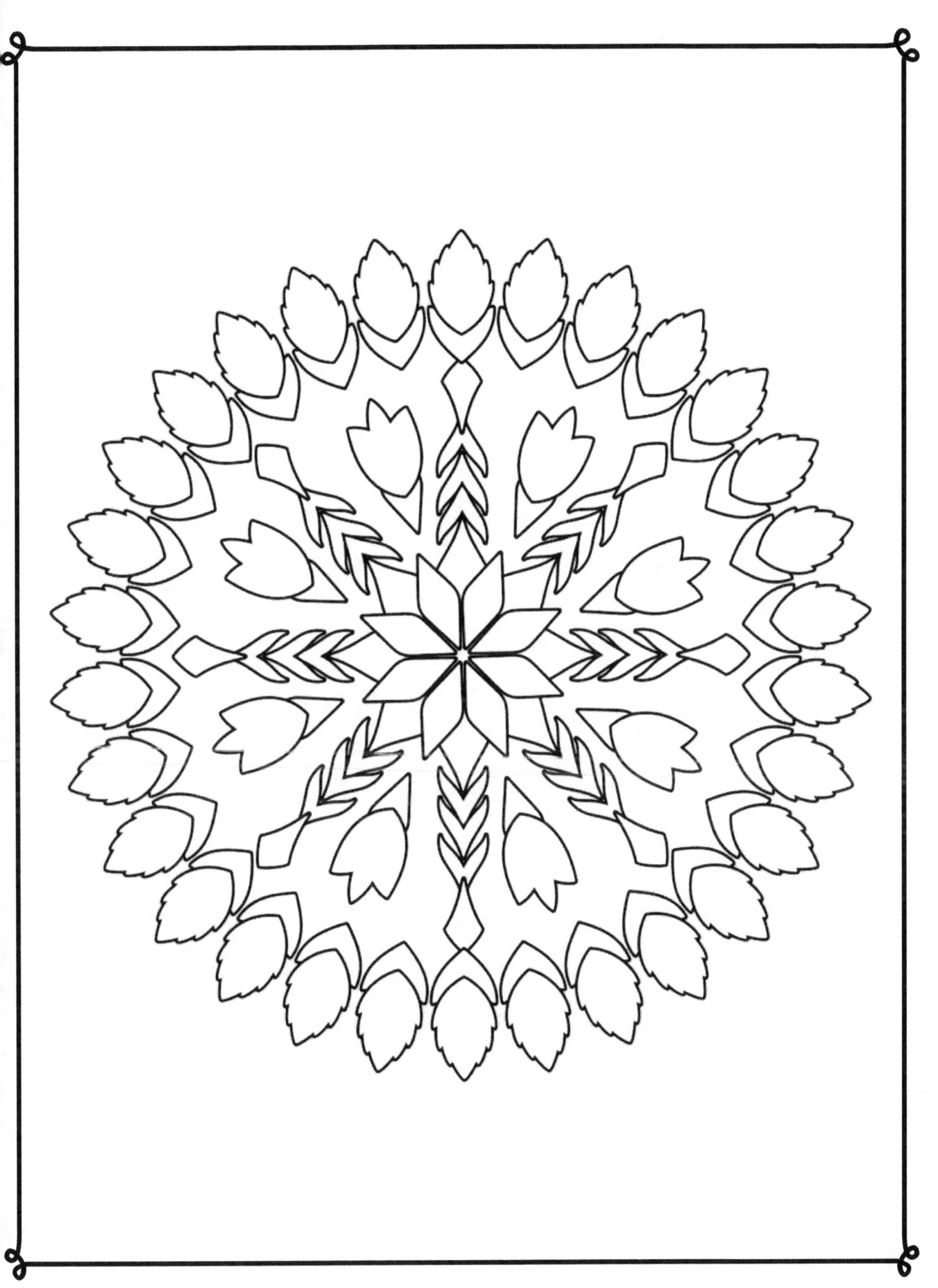

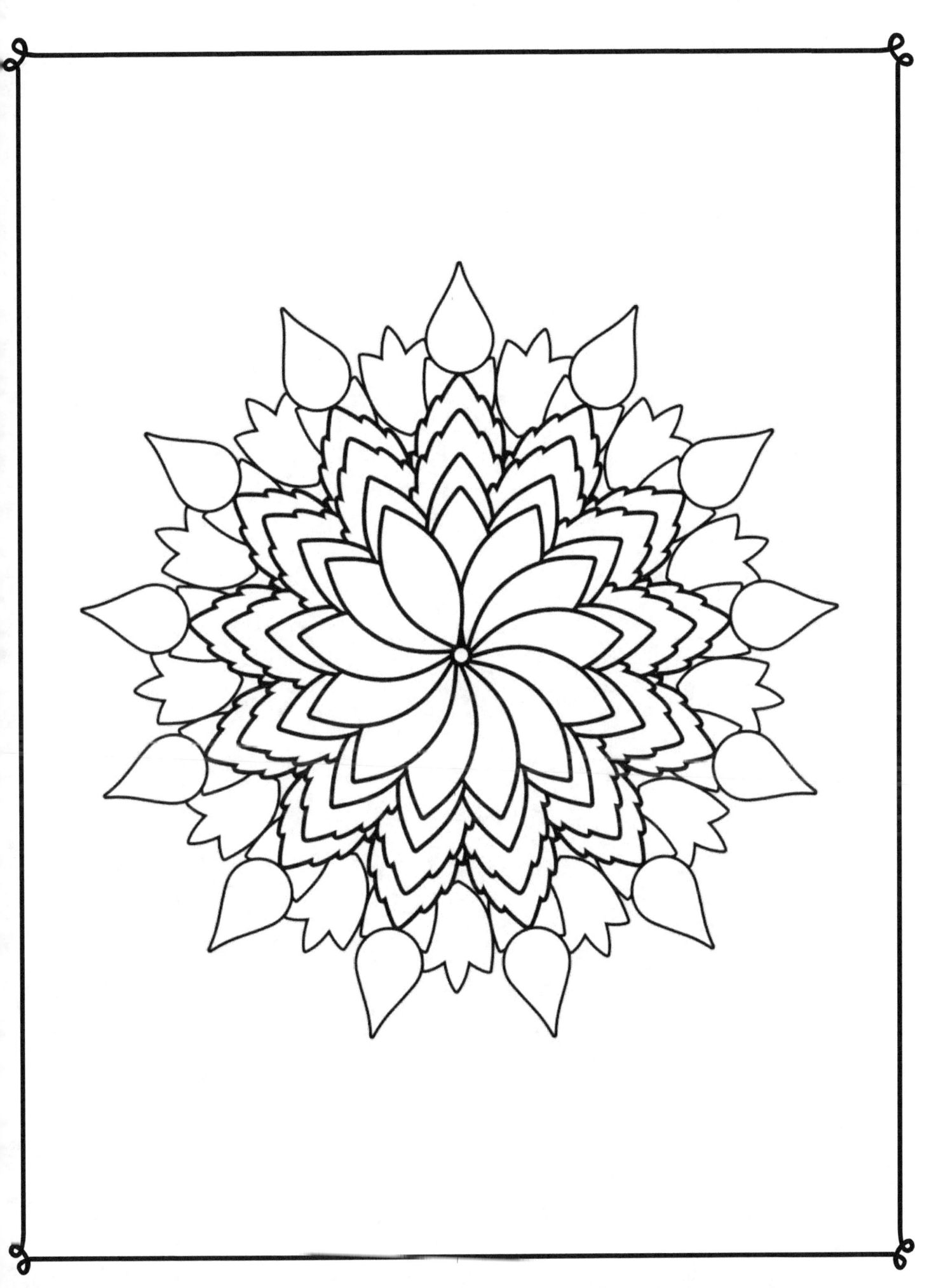

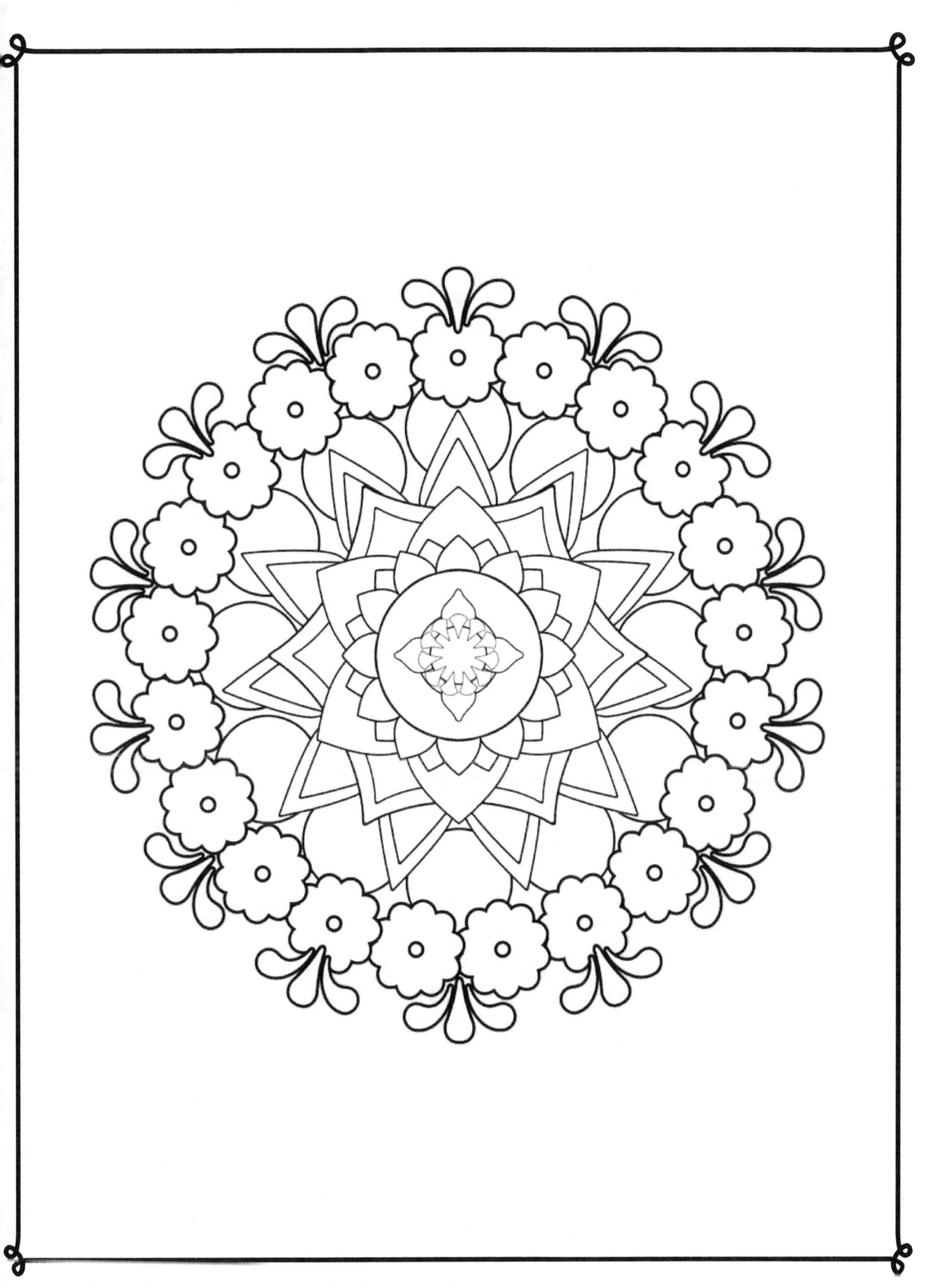

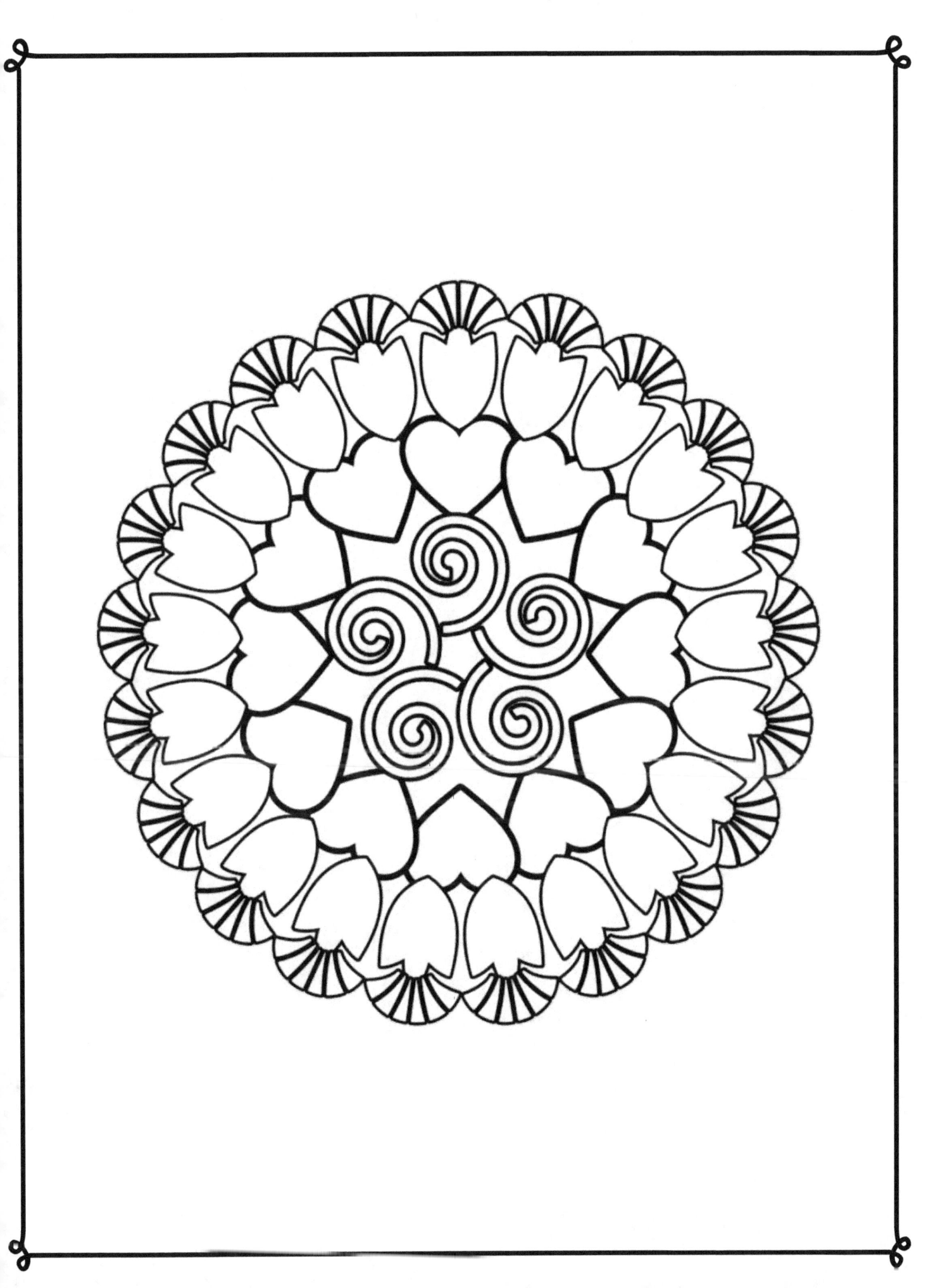

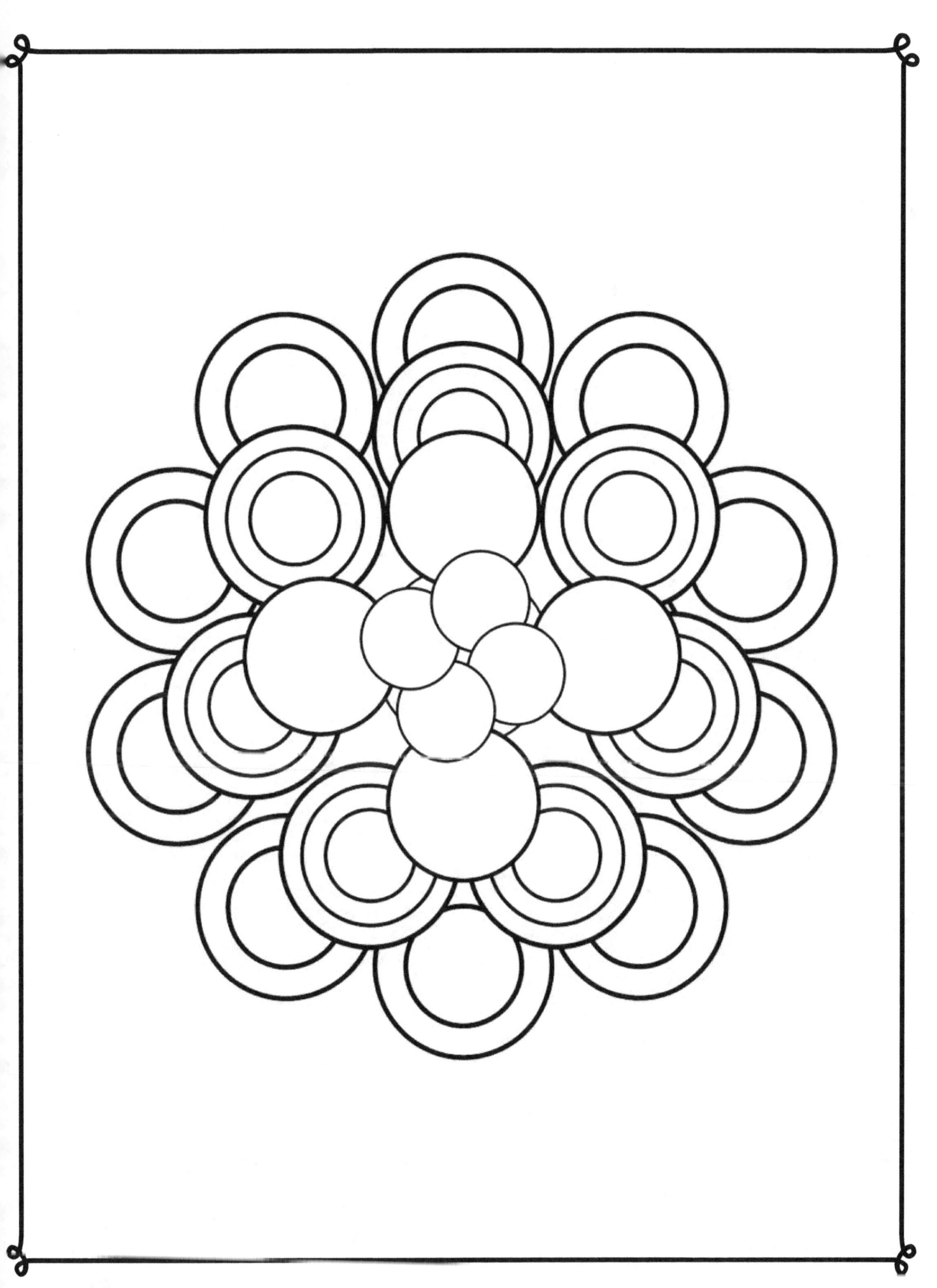

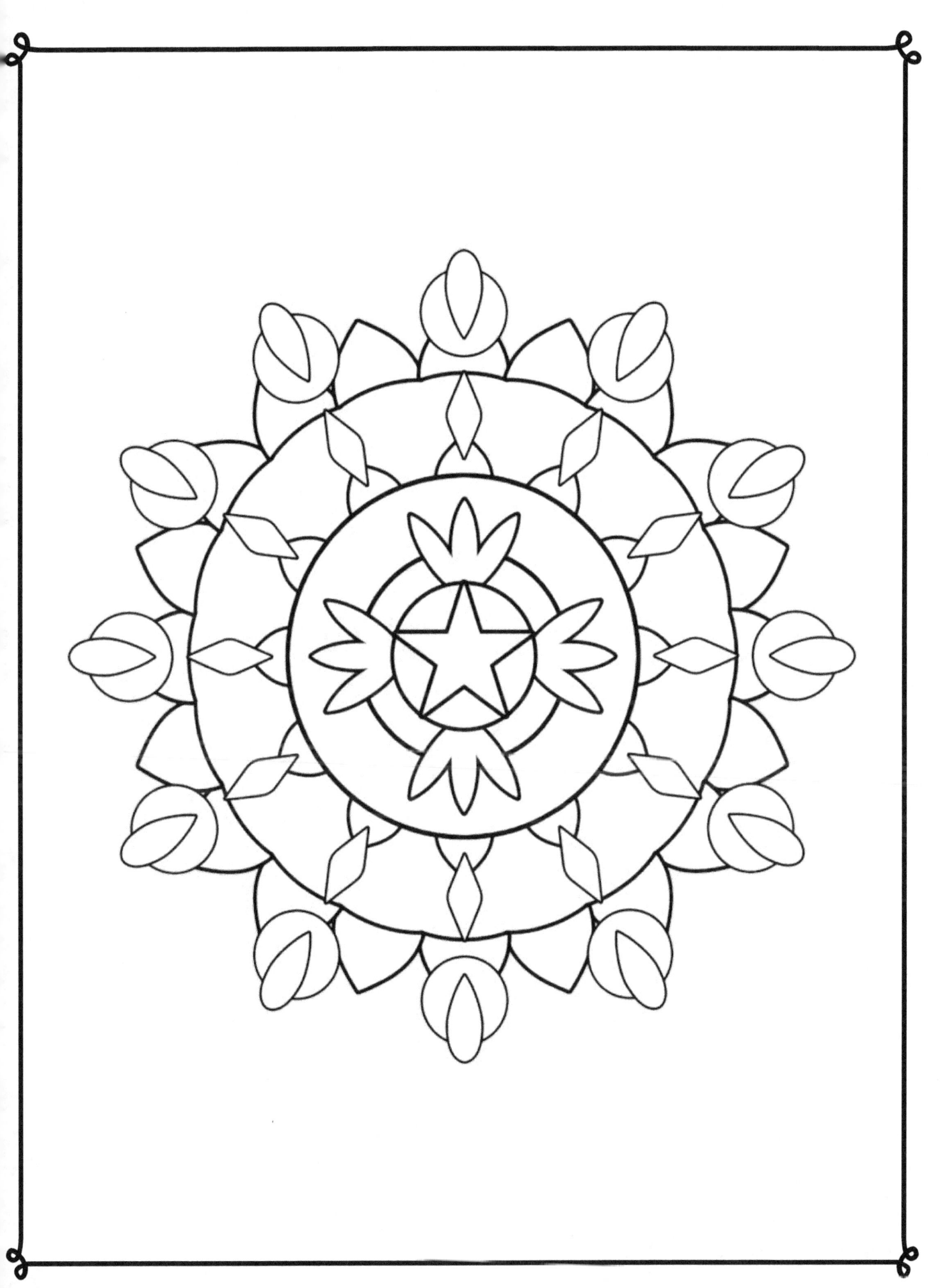

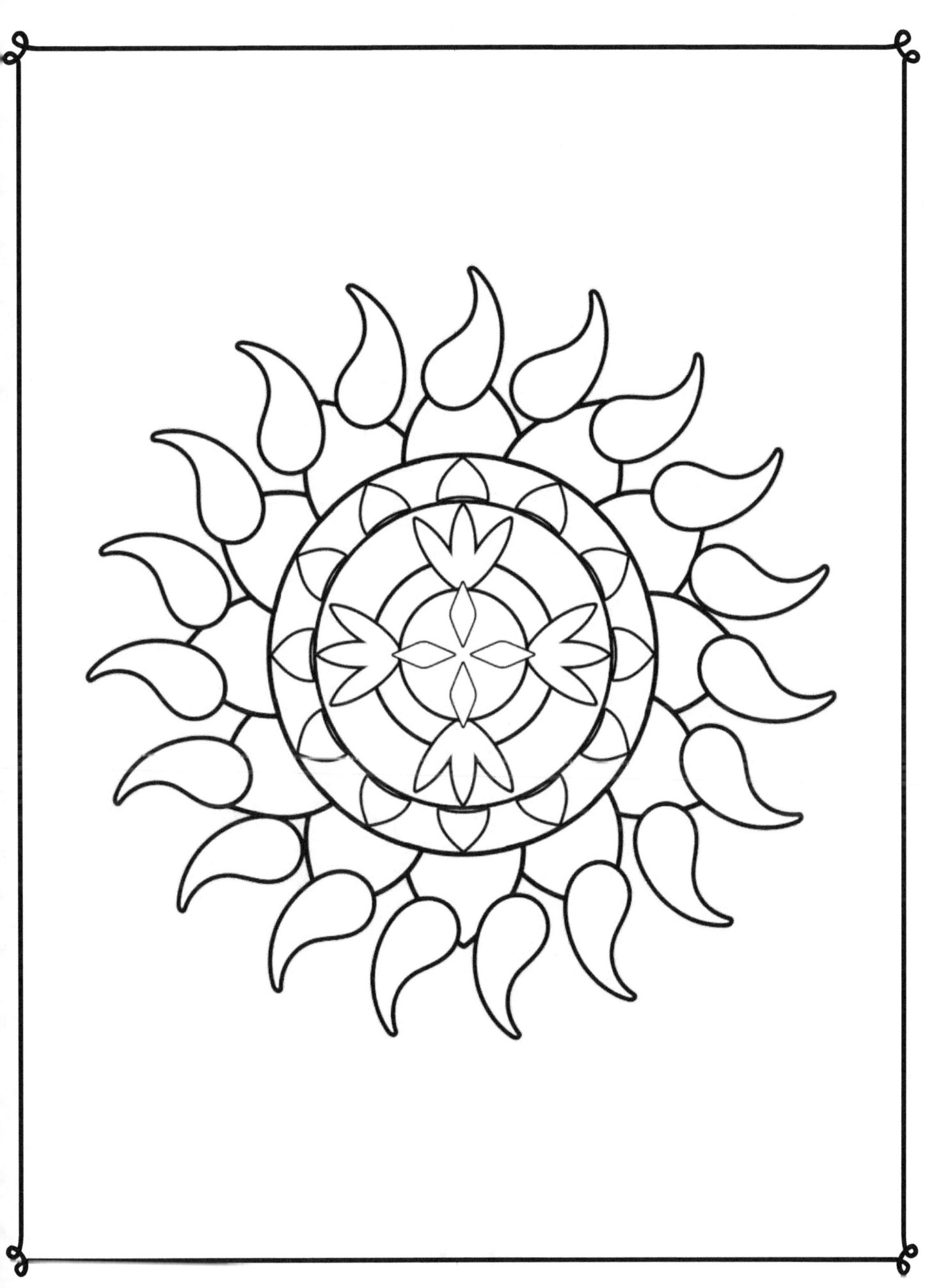

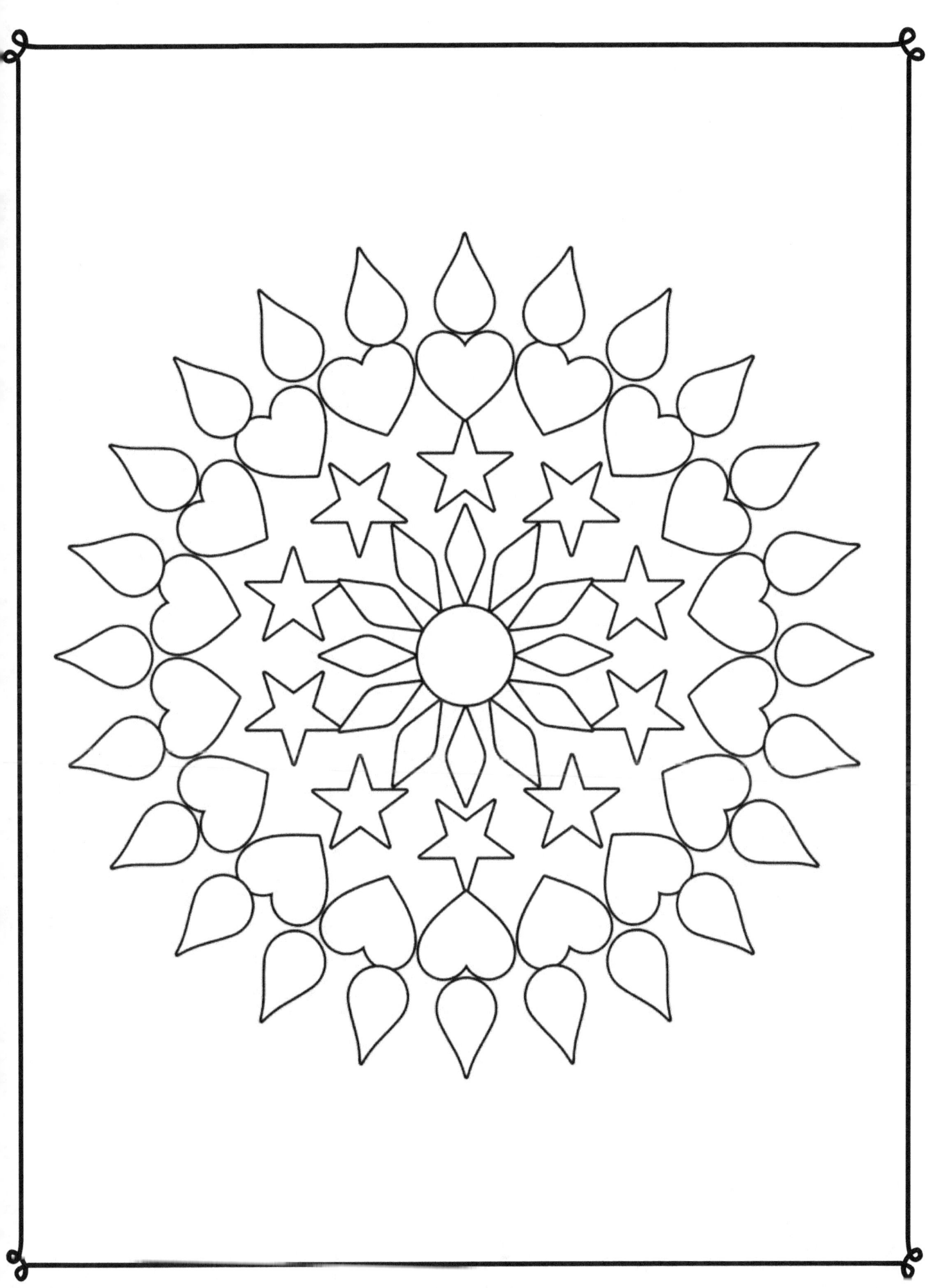

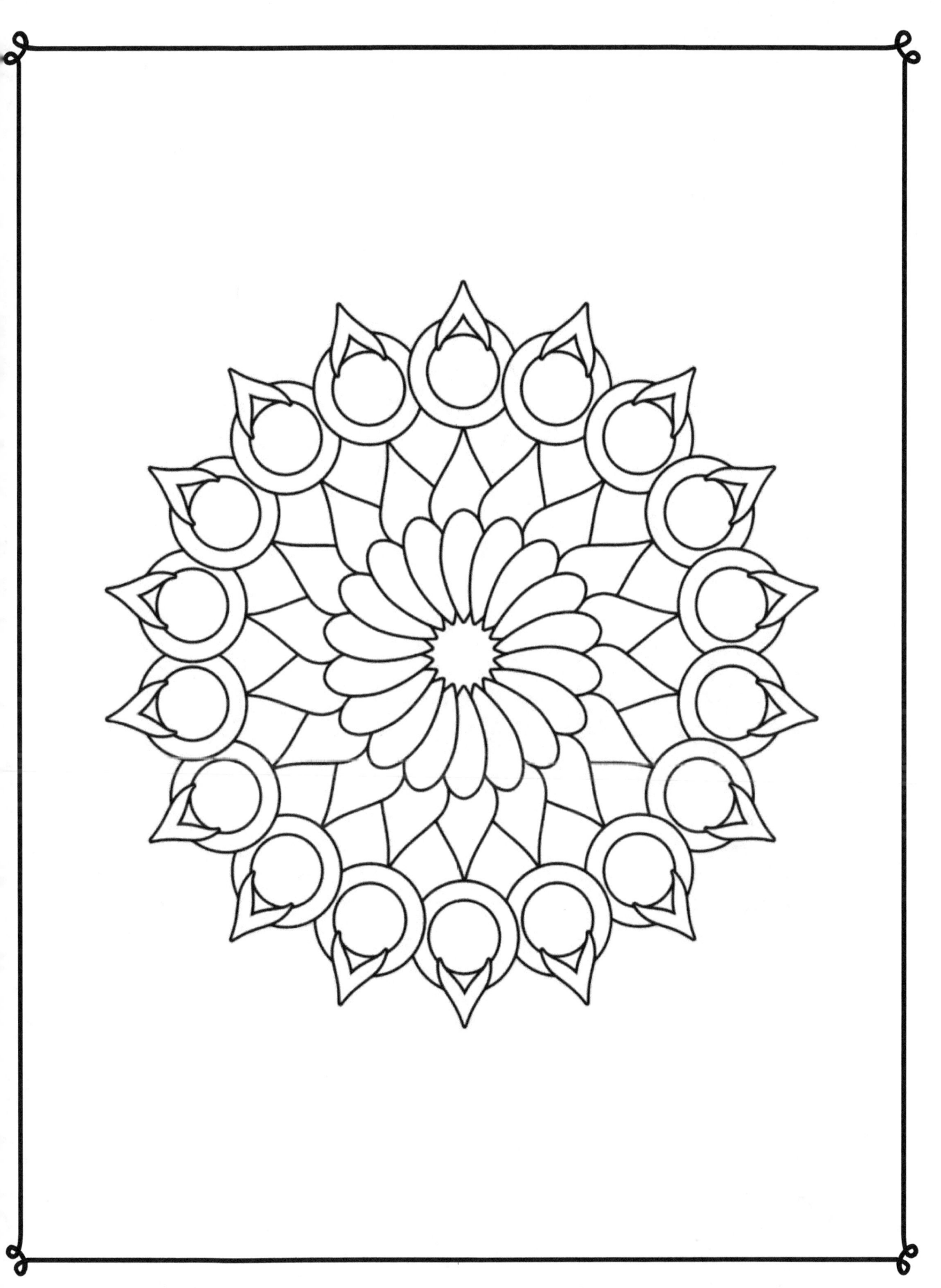

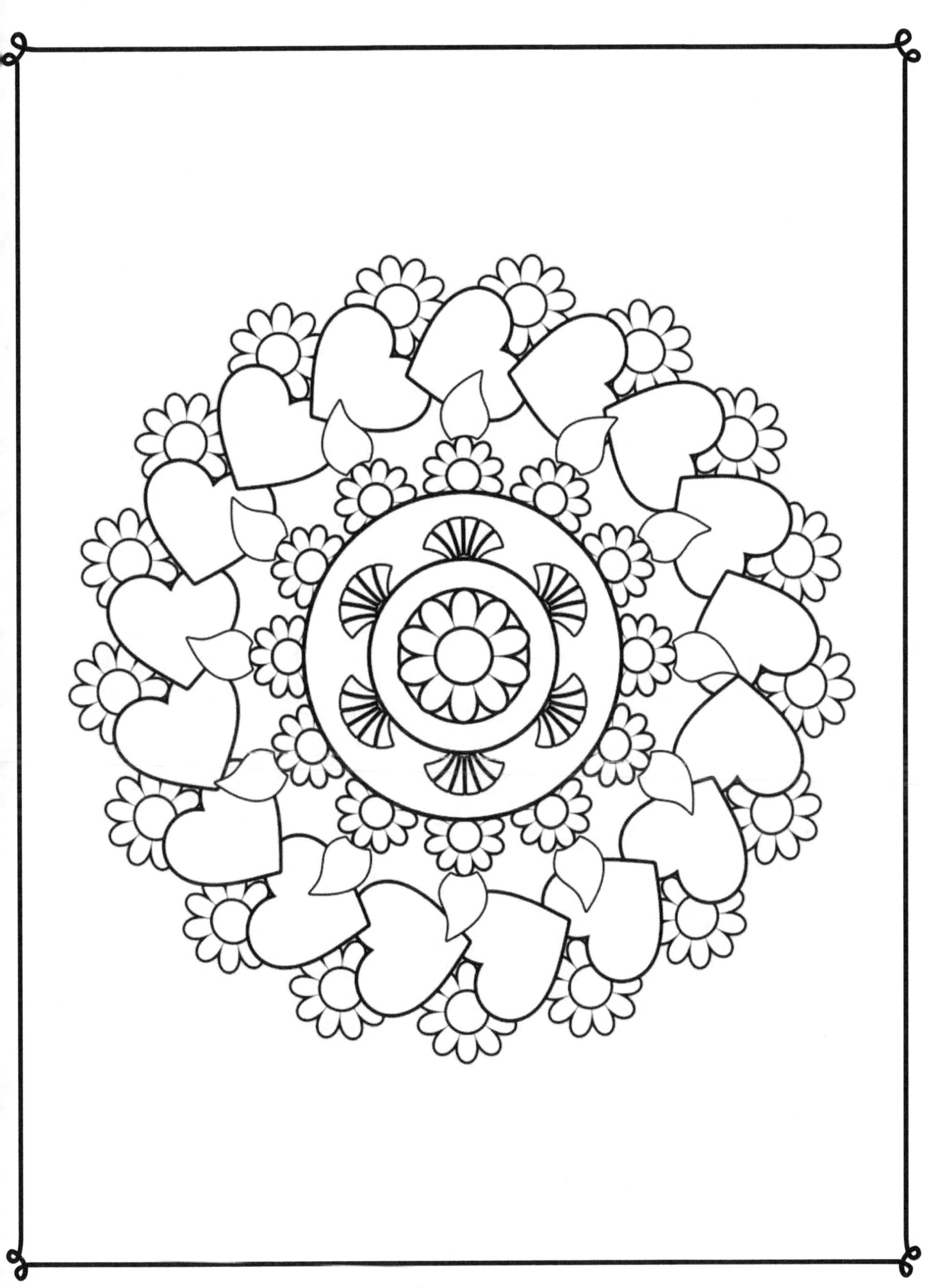

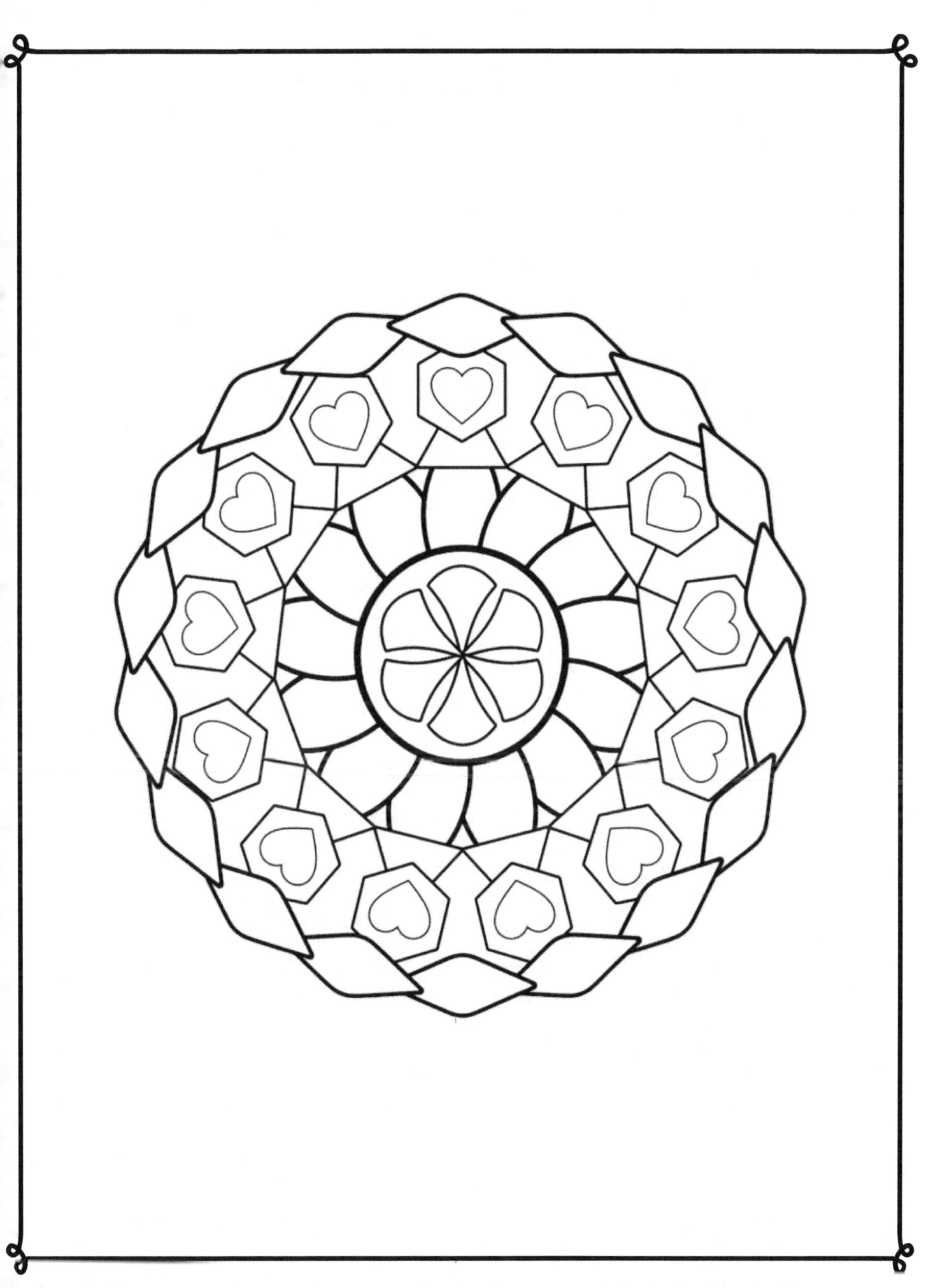

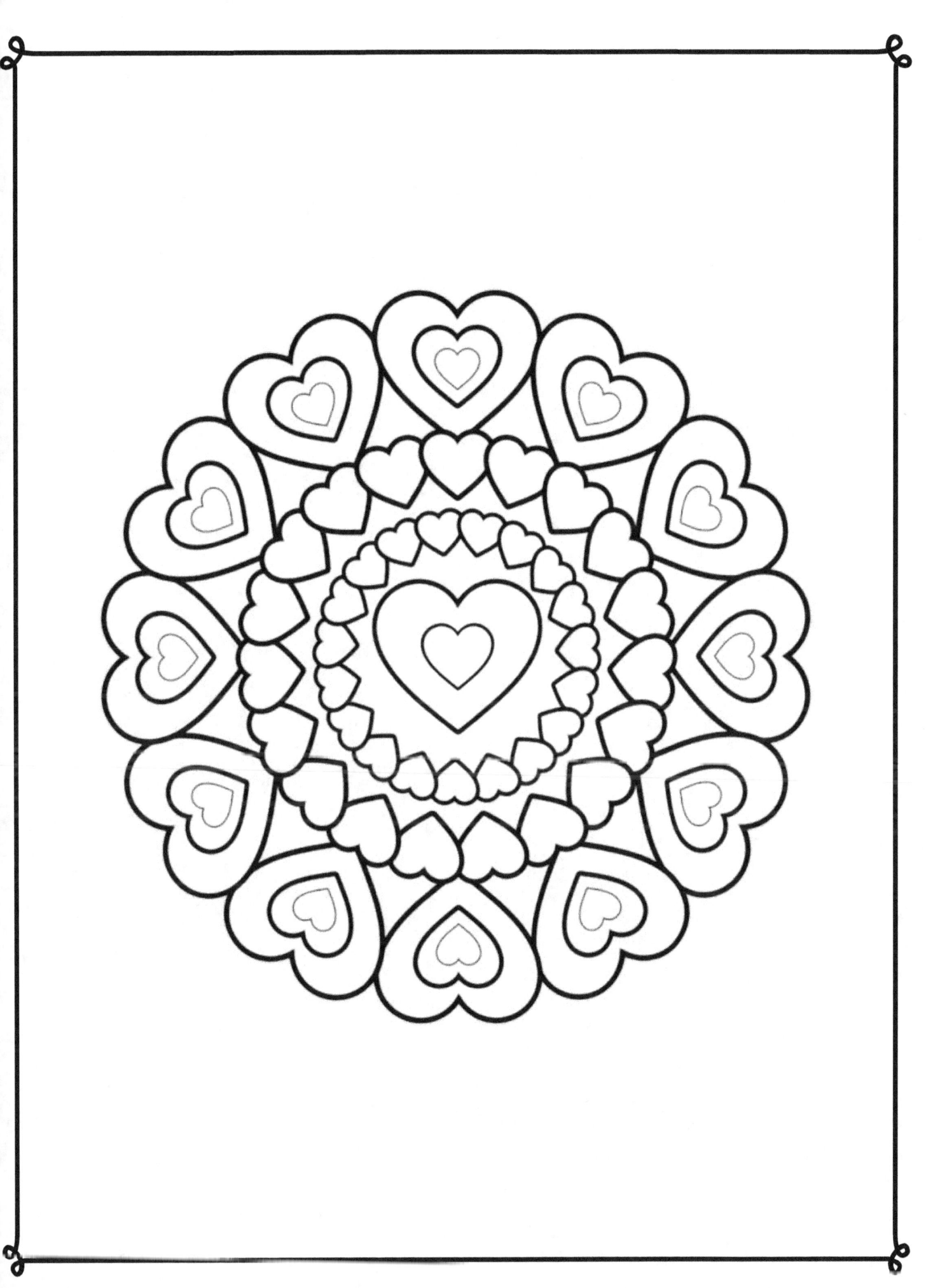

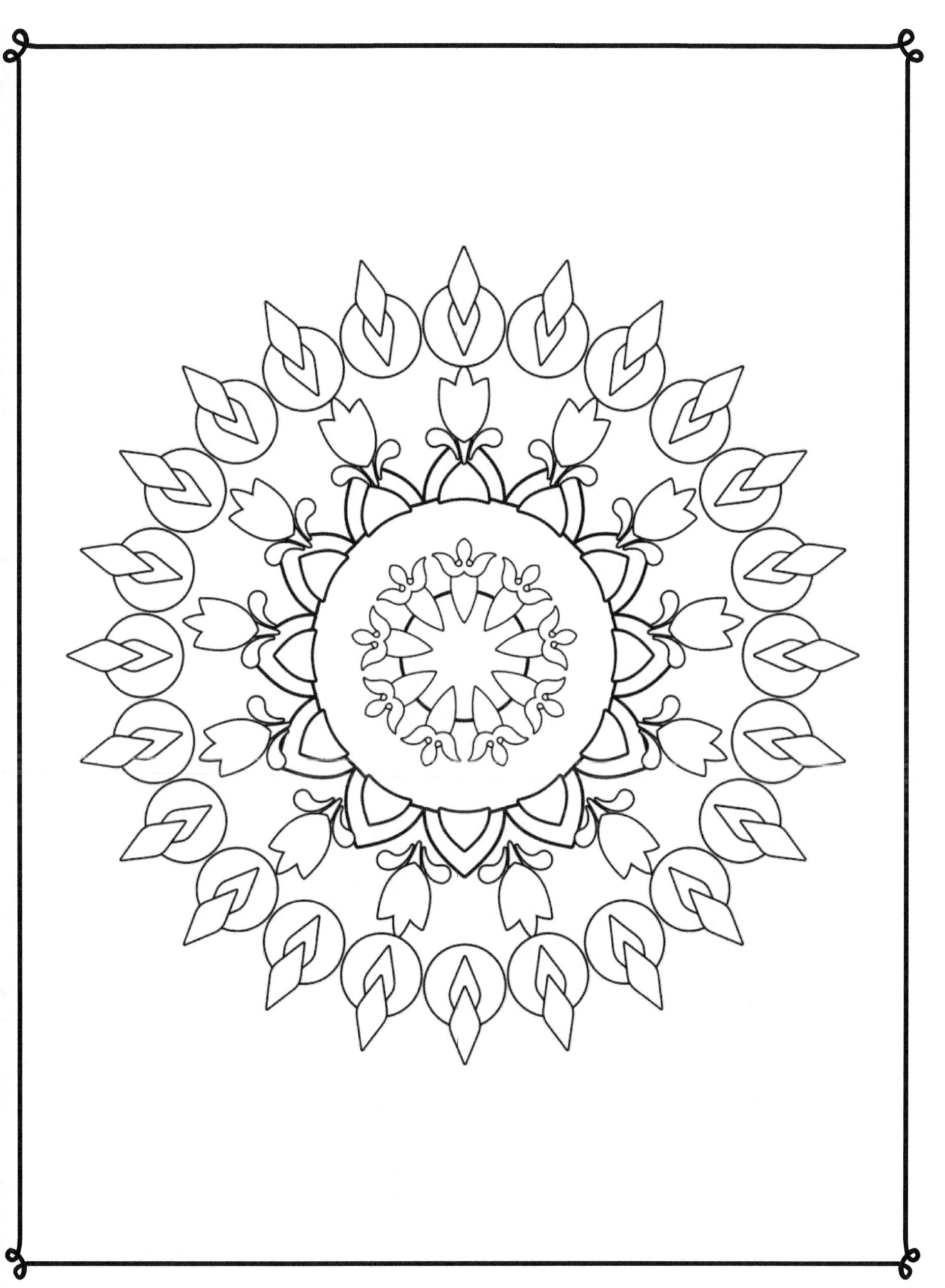

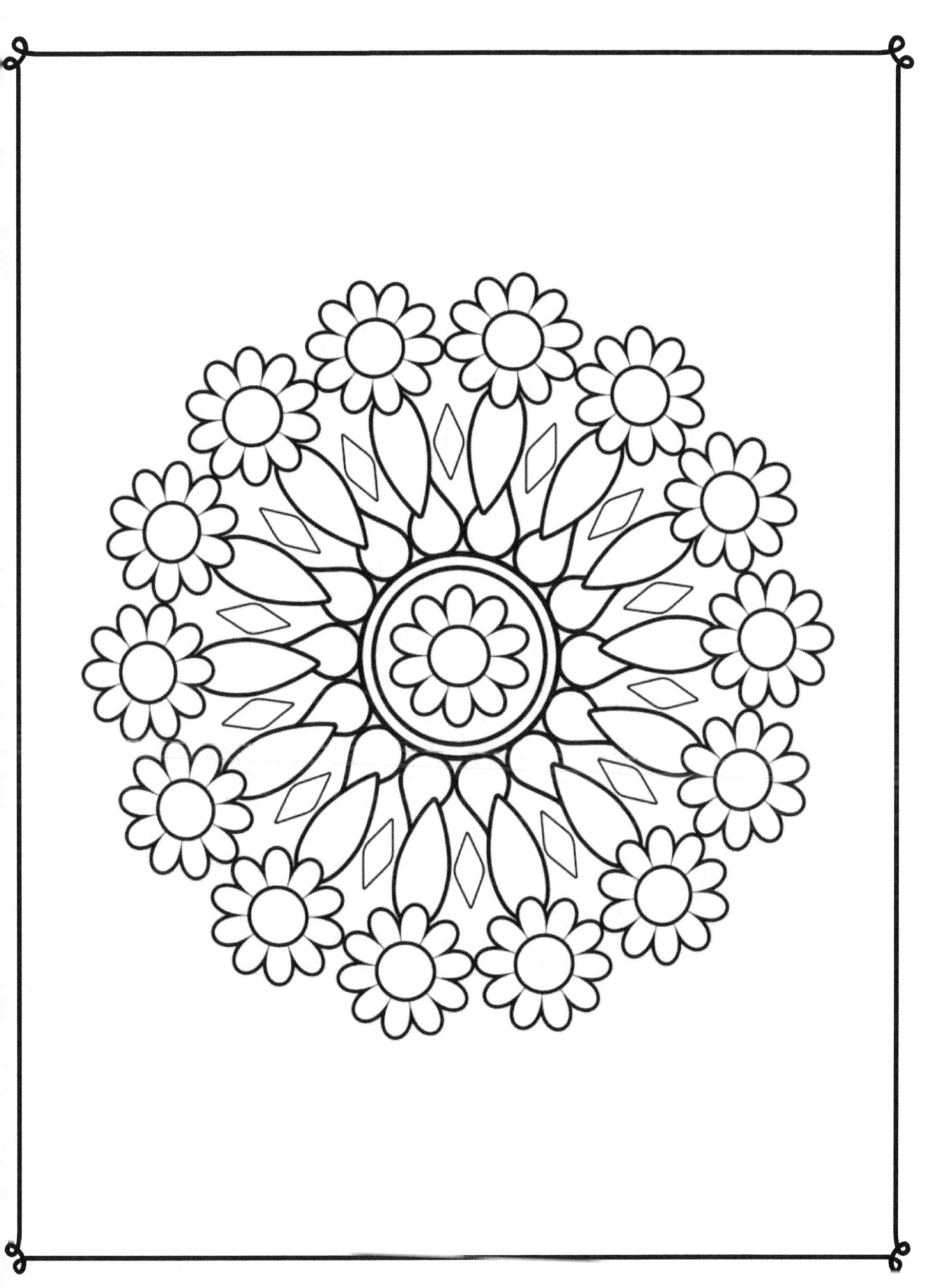

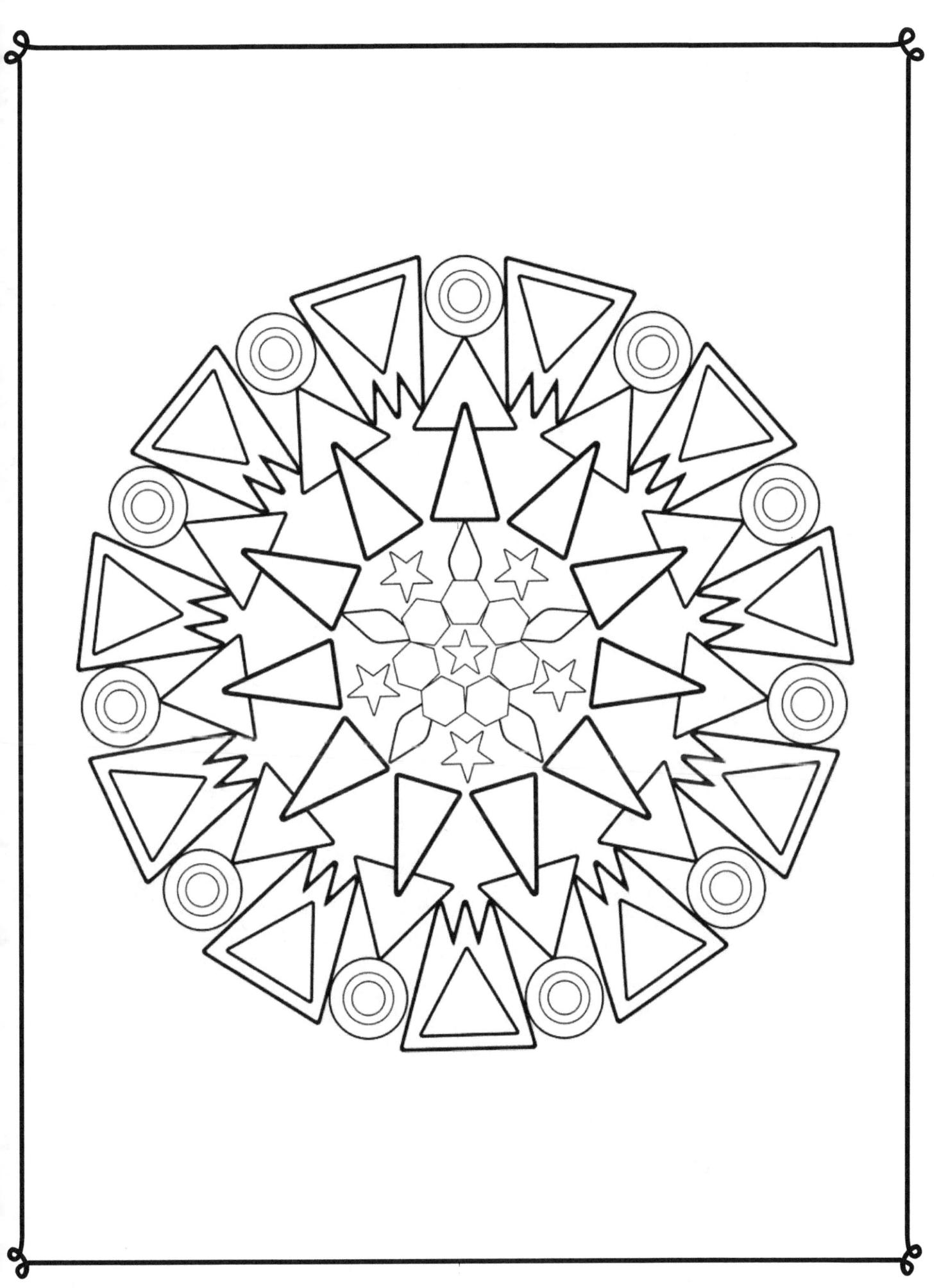

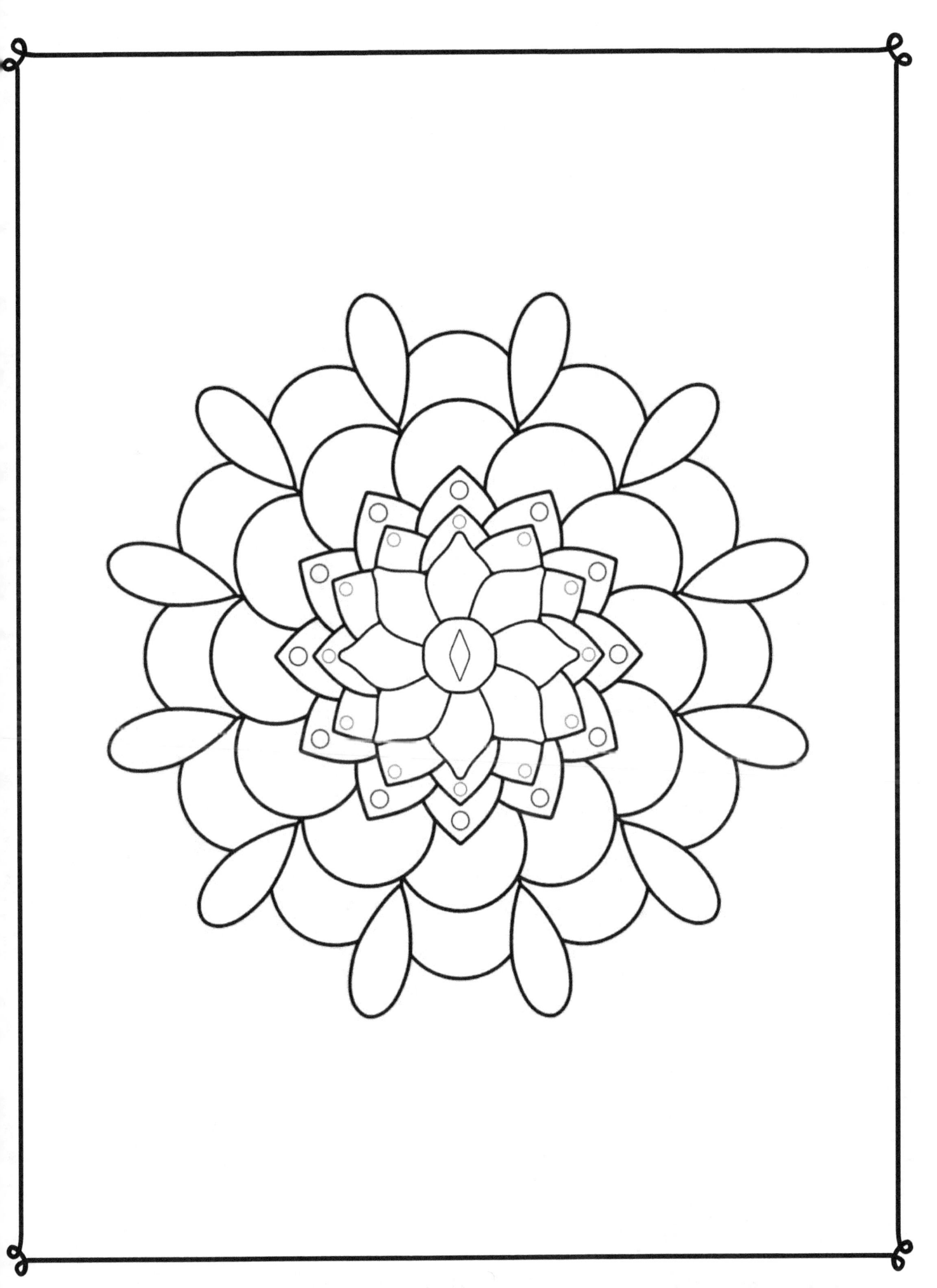

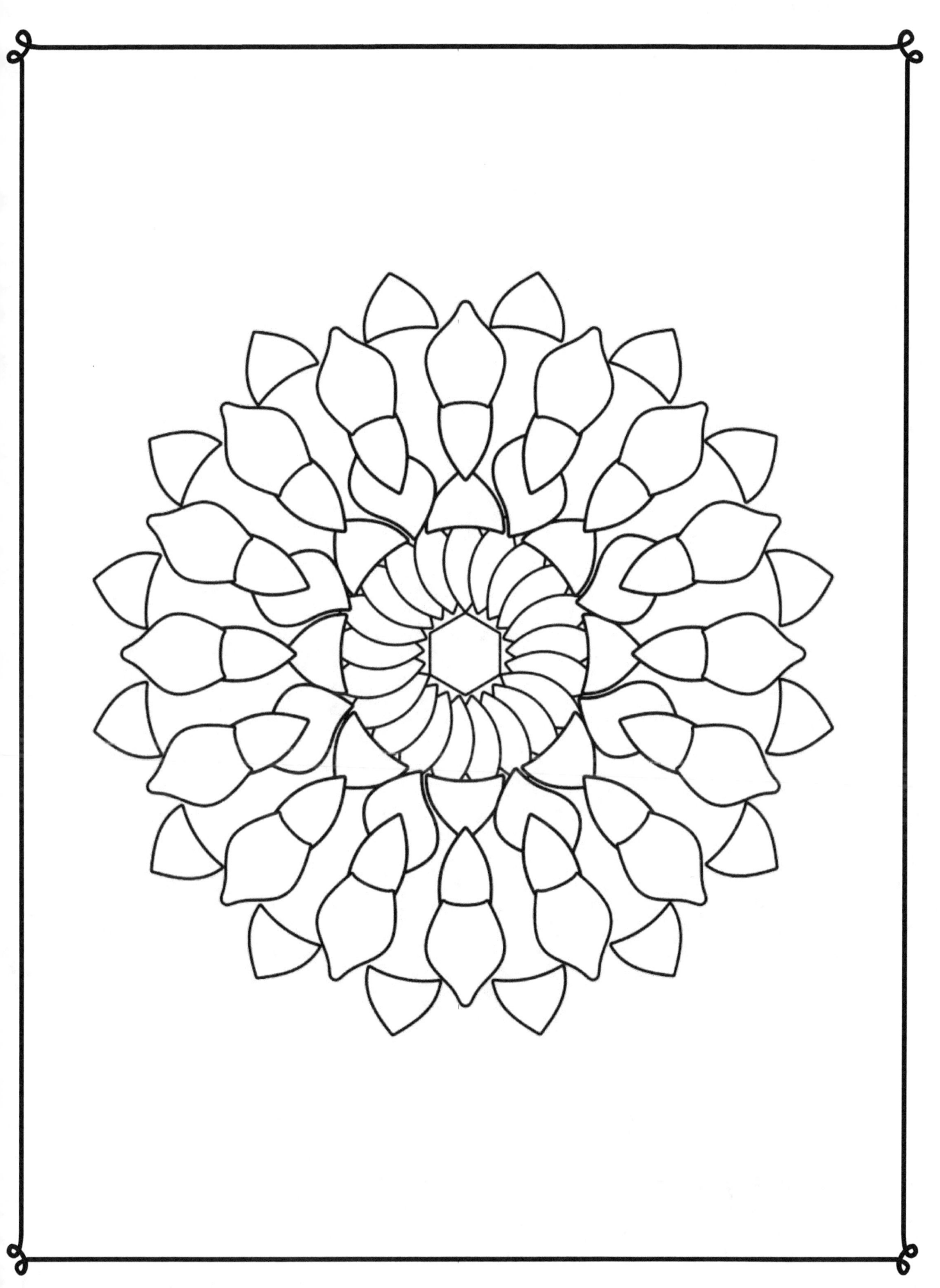

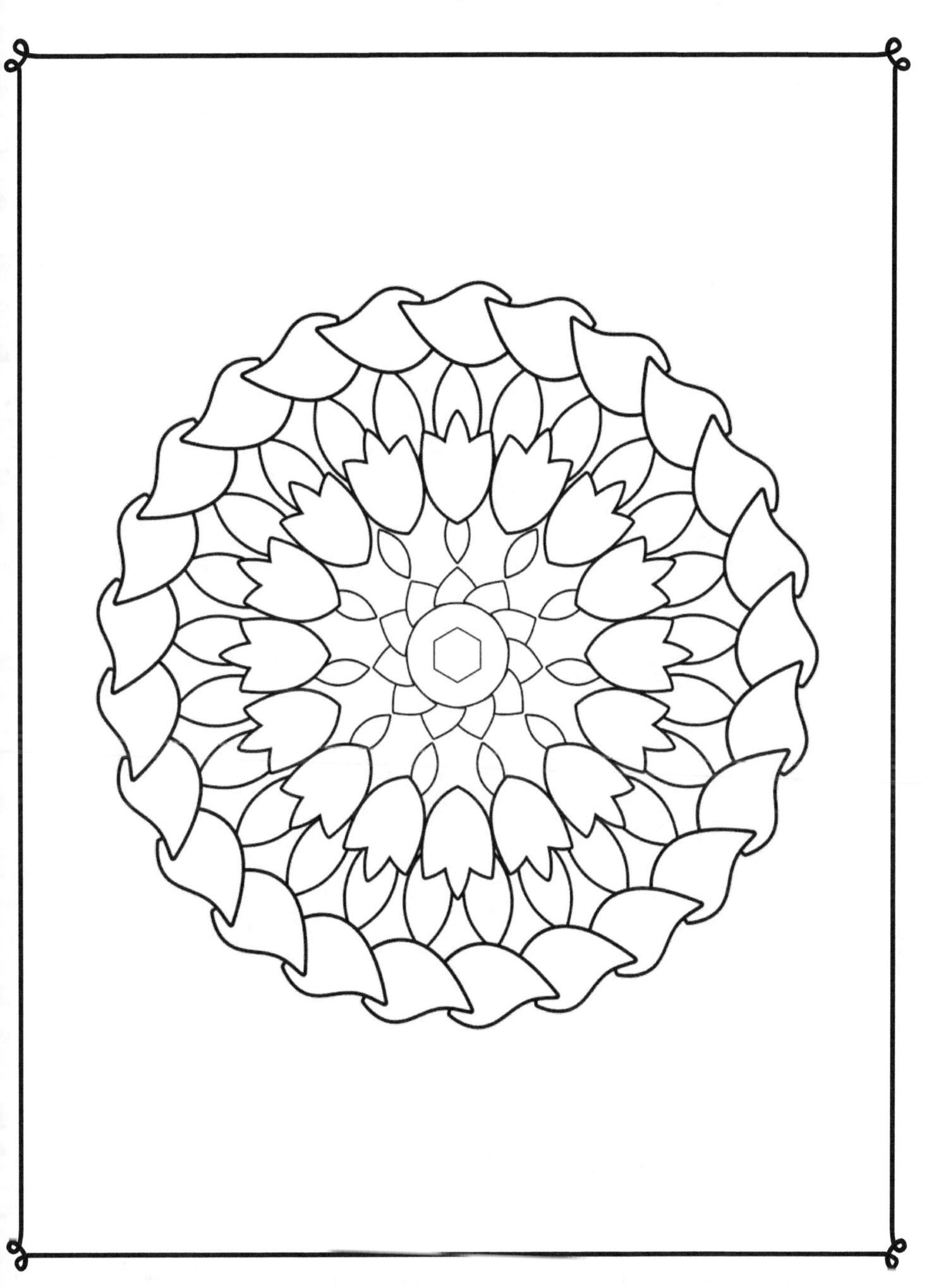

DRAWING

```
I  T  R  A  W  J  E  O  R  S  P  F  P  U  J
N  K  S  M  S  L  E  T  S  A  P  J  Z  U  L
V  Q  G  W  K  D  A  P  V  X  U  D  N  R  G
E  E  O  R  E  V  S  O  C  Y  K  I  N  W  J
R  B  P  K  T  N  E  L  C  I  E  A  X  I  U
G  M  Y  Z  C  B  L  R  X  R  Y  N  L  W  J
T  P  A  Y  H  K  P  R  E  P  A  P  R  L  Y
S  W  U  N  H  P  I  N  K  L  A  H  C  L  E
D  E  L  S  N  Y  Y  T  Q  O  Y  M  C  F  R
O  N  I  T  L  E  D  O  M  B  O  A  R  D  J
W  J  G  L  J  I  Q  Z  G  L  S  B  N  O  W
S  B  Q  K  P  Y  C  U  U  F  W  K  D  E  E
A  D  Z  C  P  P  C  N  I  B  U  H  F  H  I
Z  M  E  G  F  L  U  P  E  N  S  V  A  U  H
S  L  I  C  N  E  T  S  H  P  V  W  S  T  D
```

ART	KIT	PENS
BOARD	MANNEQUIN	SKETCH
BOOK	MODEL	STENCILS
CHALK	PAD	SUPPLIES
CHARCOAL	PAPER	
EASEL	PASTELS	
INK	PENCILS	

PLAYING PIANO

```
Y  W  Y  I  S  H  E  E  T  M  U  S  I  C  A
P  T  G  B  K  E  W  T  Z  W  R  E  E  H  U
F  T  H  F  A  T  P  X  N  G  L  Y  O  O  P
U  D  R  A  O  B  Y  E  K  S  N  C  I  N  R
C  E  X  F  X  Y  Y  H  D  Z  K  I  A  X  I
V  E  M  C  L  E  G  G  A  L  Y  N  B  G
R  S  V  O  I  A  B  I  R  E  L  H  I  U  H
S  Y  E  K  N  R  S  E  S  A  G  S  M  V  T
L  S  E  T  G  O  T  H  E  N  D  J  H  B
A  L  N  I  O  Q  R  C  C  C  L  D  V  K  F
L  M  B  P  H  N  N  T  E  A  H  A  S  K  X
X  P  V  S  N  O  S  S  E  L  R  O  C  B  M
E  N  I  A  O  C  I  S  U  M  E  D  R  S  B
Q  C  Y  K  Q  L  F  T  S  O  N  G  S  D  F
G  T  N  U  W  E  M  F  E  B  K  S  I  J  S
```

BABY GRAND	KEYS	SHEET MUSIC
BENCH	LESSONS	SONGS
BY EAR	METRONOME	TUNING
CHORDS	MUSIC	UPRIGHT
ELECTRIC	NOTES	
FLASH CARDS	PEDALS	
KEYBOARD	SCALES	

ROADS

```
Y  N  O  I  T  C  E  S  R  E  T  N  I  R  F
Y  A  W  H  G  I  H  D  A  O  R  L  L  O  T
X  E  W  J  M  S  T  R  E  E  T  X  H  K  U
D  H  S  E  E  V  B  E  L  T  W  A  Y  E  R
Q  R  A  T  E  S  S  A  P  R  E  V  O  X  N
Y  E  A  J  P  R  D  N  E  D  A  E  D  P  P
D  R  I  V  E  K  F  N  A  A  M  N  U  R  I
S  Y  A  W  E  S  U  A  C  J  M  U  D  E  K
E  V  E  F  Z  L  B  R  I  D  G  E  N  S  E
C  A  S  E  D  L  U  C  P  K  T  C  Y  S  A
F  K  K  A  N  F  R  O  N  T  A  G  E  W  H
L  C  B  M  D  A  O  R  B  O  N  E  W  A  Y
X  N  V  N  U  D  L  T  H  R  U  W  A  Y  K
Q  E  C  D  A  O  R  R  E  D  E  E  F  T  N
M  J  O  K  S  E  R  V  I  C  E  R  O  A  D
```

AVENUE	EXPRESSWAY	OVERPASS
BELTWAY	FEEDER ROAD	ROAD
BOULEVARD	FREEWAY	SERVICE ROAD
BRIDGE	FRONTAGE	STREET
CAUSEWAY	HIGHWAY	THRUWAY
CUL DE SAC	INTERSECTION	TOLL ROAD
DEAD END	LANE	TURNPIKE
DRIVE	ONE WAY	

VEGETABLES

```
D  H  C  A  N  I  P  S  E  S  Q  U  A  S  H
J  S  T  O  L  L  A  H  S  C  L  O  B  L  Q
T  K  R  E  G  Z  K  N  Y  G  U  D  B  A  B
M  L  A  L  G  P  V  E  K  A  Y  T  W  N  Z
Z  B  D  L  B  G  T  K  E  R  M  Y  T  D  N
U  O  I  E  E  W  P  L  Y  L  A  F  R  E  Z
C  N  S  R  E  W  O  L  F  I  L  U  A  C  L
C  I  H  E  T  K  P  I  A  C  F  Q  P  J  X
H  O  C  A  R  K  O  I  L  N  O  H  O  J  J
I  N  R  O  C  Y  V  H  N  O  T  A  T  X  V
N  L  E  G  A  B  B  A  C  R  C  I  A  W  T
I  U  R  P  R  T  A  B  Q  I  U  C  T  V  Q
A  S  P  A  R  A  G  U  S  T  T  T  O  N  M
O  T  A  M  O  T  H  C  E  L  E  R  Y  R  Q
E  C  P  D  T  Q  L  P  I  N  S  R  A  P  B
```

ARTICHOKE	CORN	PARSNIP
ASPARAGUS	EGGPLANT	POTATO
BEET	GARLIC	RADISH
BROCCOLI	KALE	SHALLOTS
CABBAGE	LEEK	SPINACH
CARROT	LETTUCE	SQUASH
CAULIFLOWER	OKRA	TOMATO
CELERY	ONION	TURNIP

KNITTING

```
C Q I X M R K V W G H O V W P
S Q P F S T P C X O Q L C J P
O N D E W R H I G P O Q V V G
L W E A U H G G Z S D L L N E
K P N E R Y G V I R G Q K B J
L B I N D O F F V E I W D E A
T R Q E U L G H K L W A Z L A
E R E B I F E N C O W N H X V
F G A R T E R S A T X D R O O
I S A L E D F N S G I A Y A M
F P X U U F C S T J N T I Y Y
O D U Q G C F L O L K F S S Y
Q Y A R N M R S N R E T T A P
J X U V L K N I T N Y E O B Z
D R A C R Y L I C W E J H A R
```

ACRYLIC	GARTER	PURL
ANGORA	GUAGE	STITCH
BIND OFF	KNIT	WOOL
CAST ON	MOHAIR	YARN
CIRCULAR	NEEDLES	YARN WEIGHT
FIBER	PATTERNS	

BINGO

```
C  H  I  P  S  D  D  O  L  G  F  Q  B  L  K
U  X  V  C  K  D  O  W  Y  L  J  G  V  N  I
E  T  I  B  W  I  R  B  X  R  U  K  S  W  L
L  G  Z  B  L  E  M  A  G  K  B  Z  Z  P  M
S  J  A  I  H  A  L  L  O  V  C  L  I  X  Y
N  J  P  C  R  U  L  L  E  B  O  L  M  K  P
R  Y  C  C  R  R  S  S  D  R  A  C  M  X  L
M  E  N  W  H  E  H  R  R  A  S  O  B  M  E
A  A  N  Q  O  S  L  V  O  E  U  E  X  G  T
X  B  R  N  X  O  W  L  N  I  B  B  L  X  T
E  W  F  K  I  D  D  H  O  Z  N  M  E  U  E
E  O  B  A  E  W  V  E  N  R  F  E  U  R  R
P  R  N  G  Y  R  R  I  N  S  P  S  S  N  S
R  Y  C  D  R  Q  S  T  C  T  R  P  C  B  C
V  Y  D  S  Q  N  Y  X  P  T  I  M  G  R  T
```

BALLS	HALL	RULES
BOARDS	LETTERS	SENIORS
CARDS	MARKERS	WINNER
CHIPS	NUMBERS	WOODEN
DAUBERS	ODDS	
GAME	ROLLER CAGE	

WOODWORKING

```
I  A  P  Q  V  I  S  E  C  J  O  I  N  E  R
F  L  N  M  Z  B  Y  L  R  X  D  S  W  F  R
K  M  E  X  L  A  I  N  O  R  P  A  C  X  K
C  J  E  Z  S  E  G  M  W  O  O  W  Q  G  Z
I  Z  K  H  C  Q  A  Y  C  I  T  O  B  H  M
L  T  U  M  X  T  U  Z  P  D  G  R  D  Q  I
N  Y  C  K  L  K  Q  A  A  I  N  K  W  Z  C
U  V  D  E  Z  I  E  C  R  H  D  B  F  H  Z
G  B  R  O  J  Q  G  L  U  E  Y  E  J  I  M
Z  U  V  O  A  O  Q  A  B  L  T  N  U  N  W
A  Z  V  X  U  B  R  M  T  A  X  C  L  K  J
M  L  E  Z  X  T  P  P  T  T  H  E  G  K
N  J  T  M  K  L  E  S  I  H  C  Q  T  D  L
E  W  E  K  F  E  W  R  A  E  N  A  L  P  S
V  A  G  C  C  G  W  X  E  R  U  L  E  R  D
```

APRON	PLANE	SQUARE
CHISEL	PROJECT	TABLE
CLAMPS	RASP	TOOLS
GLUE	ROUTER	VISE
JOINER	RULER	WORKBENCH
LATHE	SAW	

WRITING

```
C  G  I  L  J  E  V  D  N  F  Q  N  Y  D  H
E  Z  I  Y  E  A  D  R  A  O  B  O  O  K  S
C  K  H  N  L  R  E  P  A  P  P  J  V  X  I
N  Z  O  U  E  S  S  A  Y  S  M  F  Y  U  E
A  L  Z  O  R  P  K  R  O  A  G  L  E  E  R
R  G  I  D  B  G  U  F  I  C  T  I  O  N  M
Q  N  B  T  B  K  W  Z  N  O  V  E  L  F  I
B  X  Q  Y  E  P  R  I  K  B  M  F  T  O  N
G  Y  H  P  A  R  G  O  I  B  C  E  Z  L  U
A  R  A  O  R  O  A  V  W  T  K  M  M  J  V
A  L  R  E  O  M  U  T  E  L  B  A  T  E  O
J  Q  M  T  X  P  K  Y  U  N  K  E  I  D  B
G  R  W  R  F  T  S  Q  B  R  U  Q  V  A  Q
Z  R  P  Y  F  W  M  L  I  V  E  L  N  U  G
E  V  S  H  O  R  T  S  T  O  R  Y  E  Z  S
```

BIOGRAPHY	LITERATURE	POETRY
BOARD	MEMOIR	PROMPT
BOOKS	NOVEL	SHORT STORY
DESK	PAD	TABLET
ESSAYS	PAPER	WORKBOOK
FICTION	PEN	

COOKING

```
S U T E N S I L S Z S W I Z F
S P A T U L A D N B O W L S Z
L E R U K S T R A I N E R C A
D L S A L G P T E H V T L Y C
V R C S Y L K I R D O O F C R
R A A Z A V Q O T L N O R P A
R A K O U L N U S E Z A C D A
S E S S B E C K F S V L L Y P
A E M G J G R H N S J H I O H
X D P I N L N K O O B K O O C
N K R I T O P I U N C N Z I X
N W Z Y C V T B T S A L M K H
M I F J N E V O Q T T P Z W K
D N D V N S R T G X U W H Z M
R E T E M O M R E H T C O B W
```

APRON	LESSONS	STRAINER
BOWLS	OIL	THERMOMETER
CLASSES	OVEN	TIMER
COLANDER	PAN	TIPS
COOKBOOK	POT	TONGS
CUTTING BOARD	RECIPES	UTENSILS
FOOD	SPATULA	WINE
GLOVES	SPRAY	

READING

```
Y  X  S  E  I  R  O  T  S  T  R  O  H  S  V
H  H  B  G  L  A  S  S  E  S  E  H  Y  Y  N
Q  Z  P  M  E  N  O  I  T  C  I  F  N  O  N
E  S  S  A  Y  T  J  T  H  A  B  I  T  M  H
J  F  X  G  R  M  L  W  Y  N  T  C  M  G  N
Q  M  N  A  G  G  R  Z  F  N  K  T  N  L  O
S  I  V  Z  C  B  O  O  K  S  Q  I  F  T  M
W  S  R  I  I  B  F  I  W  E  V  O  D  E  F
A  I  L  N  W  H  P  J  B  K  P  N  P  Y  V
H  E  D  E  E  P  S  S  W  C  O  A  C  O  R
P  U  D  S  V  P  R  C  E  C  I  O  C  J  Y
M  F  B  E  P  O  A  Z  B  T  O  T  B  S  C
T  W  F  L  F  E  N  Z  Y  R  O  T  I  D  E
X  H  X  Y  S  M  N  W  S  R  R  U  N  R  P
I  C  U  V  D  S  Z  P  P  S  U  E  Q  P  C
```

BIOGRAPHY	ESSAY	NOVELS
BOOKS	FICTION	POEMS
BOOKWORM	GLASSES	QUOTES
CRITIC	HABIT	SHORT STORIES
EDITOR	MAGAZINES	SPEED
ESCAPE	NONFICTION	

BREAKFAST

```
P  M  Y  Y  O  D  Q  W  Y  Z  D  M  A  J  U
L  A  Z  E  V  X  J  M  R  T  O  G  Z  D  V
Y  A  N  T  N  A  S  S  I  O  R  C  N  P  M
A  L  E  C  T  O  R  Z  A  L  L  U  U  D  L
M  H  L  M  A  I  H  G  R  U  K  F  G  H  Z
S  K  Q  E  T  K  U  X  M  T  S  V  M  O  Z
I  T  B  M  J  A  E  R  J  A  M  A  A  S  Y
F  O  I  M  M  C  O  F  F  E  E  I  G  Z  X
E  A  S  R  L  B  W  G  W  V  S  R  G  E  A
X  S  C  O  G  E  N  A  S  L  D  I  C  J  A
A  T  U  B  U  G  X  O  N  M  A  H  W  U  U
I  E  I  E  S  E  E  H  C  A  W  E  Z  I  I
C  M  T  G  R  Q  P  C  A  A  N  H  R  C  G
T  T  S  G  T  R  E  T  T  U  B  A  G  E  L
W  G  S  S  E  L  F  F  A  W  X  O  B  O  C
```

BACON	CREAM GRAVY	JELLY
BAGEL	CROISSANT	JUICE
BANANA	EGGS	MILK
BISCUITS	FRUIT	OATMEAL
BUTTER	GRITS	PANCAKE
CEREAL	HAM	SAUSAGE
CHEESE	HONEY	TEA
COFFEE	JAM	TOAST

PLAYING POKER

```
T  M  R  V  Z  F  F  R  Y  C  K  C  M  A  B
J  M  L  Z  I  L  N  Q  O  U  G  B  F  A  S
Q  B  Z  Y  K  D  E  C  K  S  N  H  G  D  E
R  V  R  P  T  V  E  C  A  S  I  N  O  S  O
A  U  U  K  A  R  H  O  H  R  T  V  J  R  W
S  V  P  F  R  B  A  H  F  I  D  E  C  A  F
E  N  I  L  N  O  L  P  J  C  P  S  S  J  Q
L  O  D  D  S  K  O  I  E  Z  H  K  P  L  M
B  Y  E  M  A  G  V  M  K  L  H  A  Y  P  U
R  D  W  K  K  L  H  P  Y  E  B  N  N  E  H
V  Q  P  M  A  B  J  F  W  U  J  A  H  Q  N
B  W  P  X  A  R  L  L  C  B  X  Q  T  W  P
B  D  C  M  Y  Q  R  Y  H  Y  M  Z  C  W  A
I  P  F  K  W  U  P  J  G  W  Z  Z  W  H  P
Z  S  D  S  N  X  U  S  F  V  C  F  K  D  I
```

CARDS	ODDS	TABLE
CASINO	ONLINE	VIDEO
CHIP	PARTY	VISOR
DECKS	RAKE	
FACE	ROOM	
GAME	SET	

FISH

```
P  S  Q  H  H  P  T  G  N  I  R  R  E  H  C
S  O  C  A  T  S  M  A  H  I  M  A  H  I  D
E  G  E  V  B  B  I  Y  M  W  W  D  Z  U  X
Y  V  V  N  R  A  W  F  A  I  P  A  L  I  T
Z  T  J  E  O  K  S  J  T  U  B  I  L  A  H
I  M  N  F  I  E  P  S  B  A  A  Q  F  Z  S
A  Q  S  U  L  D  E  N  E  K  C  A  L  B  A
F  I  L  L  E  T  R  D  C  X  O  U  O  V  N
R  I  C  X  D  Z  C  D  E  C  D  K  U  Q  D
U  E  P  R  F  J  H  S  A  L  M  O  N  A  W
R  E  P  P  A  N  S  D  E  R  L  F  D  G  I
T  R  O  U  T  P  U  F  O  G  C  I  E  G  C
H  G  D  E  O  C  P  E  K  D  E  I  R  F  H
U  Q  J  S  A  R  D  I  N  E  S  Q  W  G  Y
I  Q  A  N  U  T  G  P  E  N  I  G  C  C  A
```

BAKED	FLOUNDER	RED SNAPPER
BASS	FRIED	SALMON
BLACKENED	GRILLED	SANDWICH
BROILED	GROUPER	SARDINES
CATFISH	HALIBUT	TACOS
COD	HERRING	TILAPIA
CRAPPIE	MAHI MAHI	TROUT
FILLET	PERCH	TUNA

GOLF

```
Y  W  P  D  R  X  V  J  F  S  E  O  H  S  S
B  Y  G  Q  H  Y  H  E  P  A  B  S  T  N  C
Q  W  K  R  A  N  E  I  D  R  I  B  P  K  X
G  B  L  O  V  M  A  G  V  H  A  R  R  Y  V
H  I  W  F  T  M  G  E  O  U  C  P  W  E  N
S  A  T  E  E  N  L  I  S  B  U  L  C  A  L
C  I  N  F  O  R  E  M  D  R  I  V  E  R  Y
O  S  B  D  Q  K  U  M  N  L  U  J  U  Q  D
R  N  G  C  I  C  O  T  A  X  H  O  L  E  L
E  I  D  D  A  C  Y  M  A  N  D  R  C  U  C
C  G  B  B  Y  R  A  X  T  I  R  H  X  E  W
A  N  A  T  J  U  T  P  P  K  N  U  V  C  S
R  X  L  B  J  O  Q  D  U  D  H  I  O  F  I
D  W  L  Q  A  W  H  E  A  T  U  F  M  T  X
H  S  Q  J  P  G  B  W  N  G  C  X  A  Q  P
```

BAG	DRIVER	PUT
BALL	EAGLE	SCORECARD
BIRDIE	FAIRWAY	SHOES
BOGEY	FORE	TEE
CADDIE	HANDICAP	TOURNAMENT
CART	HOLE	
CLUBS	MINIATURE	
COURSE	PAR	

FRUITS

```
O  U  Y  R  R  E  B  W  A  R  T  S  P  O  K
E  N  I  R  A  T  C  E  N  M  I  L  A  C  A
C  X  A  T  R  F  I  O  Q  O  Q  D  P  Z  U
D  A  W  E  U  E  Y  U  F  I  G  E  A  V  K
I  A  N  A  N  A  B  R  R  H  W  N  Y  O  H
H  K  C  T  P  O  Y  K  R  F  O  I  A  K  W
T  C  R  E  A  R  M  R  C  E  E  N  K  M  U
A  Q  A  Y  L  L  I  E  R  A  H  P  E  A  R
N  B  N  E  N  P  O  C  L  E  L  C  A  D  N
G  Y  B  U  P  D  P  U  O  I  B  B  P  R  K
E  P  E  L  P  P  A  A  P  T  M  E  L  G  G
R  X  R  P  P  Q  T  N  E  E  E  E  U  O  Z
I  V  R  L  A  L  Z  S  W  N  G  H  M  L  H
N  T  Y  J  G  R  D  N  B  T  I  O  B  W  B
E  D  O  R  A  N  G  E  T  N  U  P  Z  O  L
```

APPLE	FIG	ORANGE
APRICOT	GRAPE	PAPAYA
BANANA	GRAPEFRUIT	PEACH
BLACKBERRY	KIWI	PEAR
BLUEBERRY	LEMON	PINEAPPLE
CANTALOUPE	LIME	PLUM
CHERRY	MANGO	STRAWBERRY
CRANBERRY	NECTARINE	TANGERINE

GARDENING

```
C  K  G  N  I  P  A  C  S  D  N  A  L  W  N
T  O  O  L  S  D  E  B  D  E  S  I  A  R  Z
Y  M  W  W  N  T  S  E  I  L  P  P  U  S  D
O  V  B  Q  J  N  N  C  S  C  W  A  S  D  Q
A  F  A  T  M  O  S  A  W  O  B  A  S  R  F
A  E  Q  R  V  U  Z  T  L  M  H  F  Q  P  Z
G  L  O  V  E  S  L  V  O  P  L  O  U  G  H
Z  S  L  U  P  Z  E  C  L  O  G  S  A  A  L
W  U  D  N  T  R  I  G  H  S  L  O  R  F  V
T  I  P  A  A  D  U  L  D  T  A  T  E  X  R
J  O  H  F  P  B  O  N  I  E  X  I  F  G  X
N  J  M  O  W  E  R  O  E  T  H  L  O  O  Z
E  I  M  M  Q  M  E  U  R  R  R  L  O  Q  M
M  T  A  O  R  G  A  N  I  C  S  E  T  L  K
S  V  E  I  H  S  R  C  K  W  N  R  F  C  V
```

CLOGS	MOWER	SQUARE FOOT
COMPOST	MULCH	STOOL
FERTILIZER	ORGANIC	SUPPLIES
GLOVES	OUTDOOR	TILLER
HEDGES	PLANTS	TOOLS
HOSE	PLOUGH	URBAN
KNEEPADS	PRUNERS	
LANDSCAPING	RAISED BEDS	

ICE CREAM FLAVORS

```
J Z T N A T I L O P A E N V L
N T N I W N O M A N N I C C C
X A N R L T A A P N T M O N P
M P C U Y P N N L A O S F Z I
C Z U E Y R S I A L X M F D S
O E D H P R R A M B I I E F T
O N C W C R R E N R T N E L A
K P T I D A E E B A E T A L C
I G O U R N E T H E N P L V H
E X Y T N O O P T C U A P O I
D W B U H O C M D U K L B E O
O N F R S W C I L P B C B K P
U U C C H O C O L A T E A U A
G O N G G E P L C B P V E L W
H X Y D N A C N O T T O C C B
```

ALMOND   CINNAMON   MINT
BANANA   COCONUT   NEAPOLITAN
BANANA SPLIT   COFFEE   PEACH
BLACK CHERRY   COOKIE DOUGH   PEPPERMINT
BLUEBERRY   COTTON CANDY   PISTACHIO
BUTTER PECAN   EGG NOG   VANILLA
CHERRY   LEMON
CHOCOLATE   LICORICE

HORSEBACK RIDING

```
E  E  D  L  L  Y  D  P  K  C  T  A  M  H  M
L  X  G  E  S  I  I  Z  K  C  A  T  V  A  P
N  I  E  R  O  J  R  P  W  S  O  H  N  K  H
S  I  A  G  A  L  L  O  P  E  L  D  D  A  S
O  D  R  H  A  R  N  E  S  S  S  C  D  L  F
U  F  M  J  R  S  E  V  O  L  G  T  T  A  S
T  E  N  G  L  I  S  H  Z  N  I  Q  E  R  P
F  O  B  F  G  T  N  E  H  E  C  E  R  R  M
I  C  R  Q  U  A  K  E  R  A  C  N  L  S  N
T  P  H  T  E  S  B  R  I  D  L  E  R  T  Q
M  A  E  A  C  E  E  O  E  C  Z  T  G  I  K
S  J  L  X  P  C  M  A  O  T  E  L  E  R  Z
Z  Q  M  L  P  S  B  K  V  T  N  Z  P  R  I
E  P  E  F  O  F  M  S  E  L  S  A  Y  U  J
G  M  T  T  E  B  T  L  I  E  Q  M  C  P  B
```

BOOTS	GEAR	REIN
BRIDLE	GLOVES	SADDLE
CANTER	HALTER	STIRRUP
CHAPS	HARNESS	TACK
DRESSAGE	HELMET	TROT
ENGLISH	OUTFIT	WESTERN
GALLOP	PADDOCK	

DOMINOES

```
I  Z  R  E  N  N  I  P  S  T  W  H  U  O  Q
T  D  V  T  S  G  F  W  Z  H  V  Y  B  A  T
Z  B  B  T  H  X  O  E  U  I  U  R  C  G  P
Q  M  T  U  Y  G  B  P  D  V  U  F  W  O  R
T  O  E  O  I  R  I  Y  P  O  R  Y  F  W  O
Q  O  K  X  O  L  F  A  V  R  U  Y  T  L  F
F  N  P  F  I  F  D  C  R  Y  L  B  G  E  E
J  N  K  P  O  C  N  I  N  T  E  Z  L  L  S
K  E  R  B  L  R  A  E  N  N  S  I  O  E  S
L  W  K  E  G  I  T  N  K  G  P  R  O  A  I
T  O  B  X  N  H  N  Y  T  C  A  M  H  I  O
E  O  O  O  D  N  K  G  T  R  I  M  Q  N  N
U  D  O  A  S  U  I  U  D  W  A  H  E  O  A
H  E  W  C  T  C  F  W  K  L  O  I  C  I  L
A  N  F  L  K  T  N  X  D  F  P  D  N  U  Z
```

BUILDING   MEXICAN TRAIN   SPINNER
CHICKENFOOT   MOON   STRAIGHT
DOUBLE   PROFESSIONAL   TOPPLING
FORTY TWO   RULES   WINNER
GAME   SET   WOODEN
IVORY   SHUFFLE

SEWING

```
S  E  P  N  I  B  B  O  B  G  D  T  D  P  O
Q  E  L  E  N  I  H  C  A  M  M  Q  N  S  T
E  N  L  B  R  N  D  R  E  P  P  I  Z  T  G
R  O  Z  O  M  D  F  A  N  L  M  T  F  A  S
T  E  N  N  H  I  X  L  E  R  I  E  E  P  V
A  S  P  O  R  N  H  L  T  R  E  T  S  E  P
O  X  C  P  I  G  O  T  F  X  H  T  X  M  T
G  R  S  I  I  H  S  T  R  A  D  T  T  E  P
T  N  C  E  S  R  S  B  T  L  F  N  Q  A  T
Y  N  I  L  L  S  M  U  M  U  A  G  Z  S  P
A  M  J  K  E  V  O  A  C  U  B  T  H  U  G
R  V  U  Y  C  V  A  R  E  N  R  J  S  R  P
D  T  A  I  L  O  R  G  S  S  I  N  G  E  R
S  S  E  R  T  S  M  A  E  S  C  P  Q  U  P
I  Z  I  G  Z  A  G  S  P  Z  E  Y  E  M  L
```

BINDING
BOBBIN
BUTTONHOLES
DARTS
FABRIC
MACHINE
PATTERN
PIN CUSHION

SCISSORS
SEAM RIPPER
SEAMSTRESS
SELVAGE
SINGER
SMOCKING
TAILOR
TAPE MEASURE

TEXTILE
THIMBLE
THREAD
VELCRO
YARDS
ZIG ZAG
ZIPPER

DRAWING
Puzzle # 1

PLAYING PIANO
Puzzle # 2

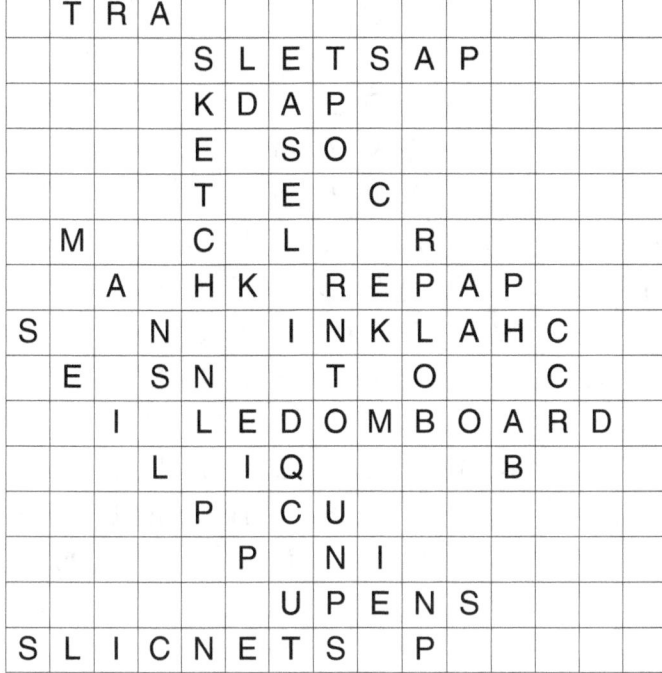

ROADS
Puzzle # 3

VEGETABLES
Puzzle # 4

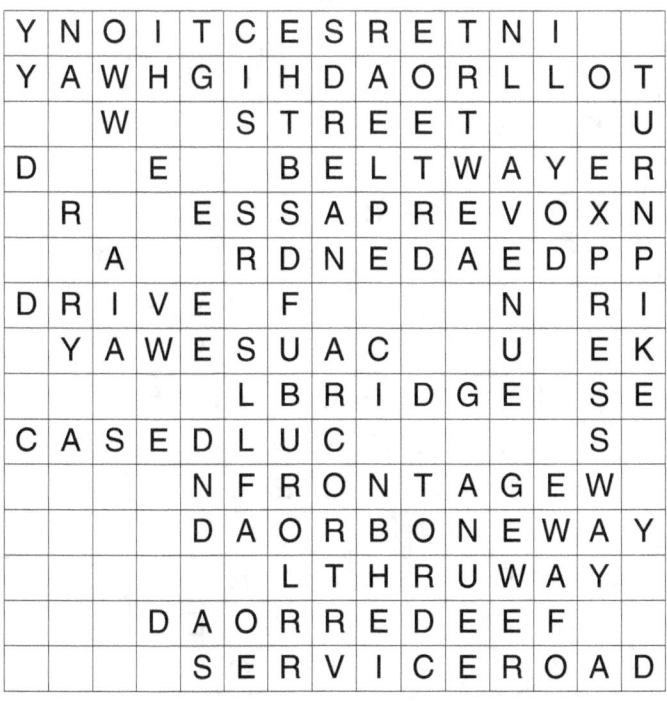

KNITTING
Puzzle # 5

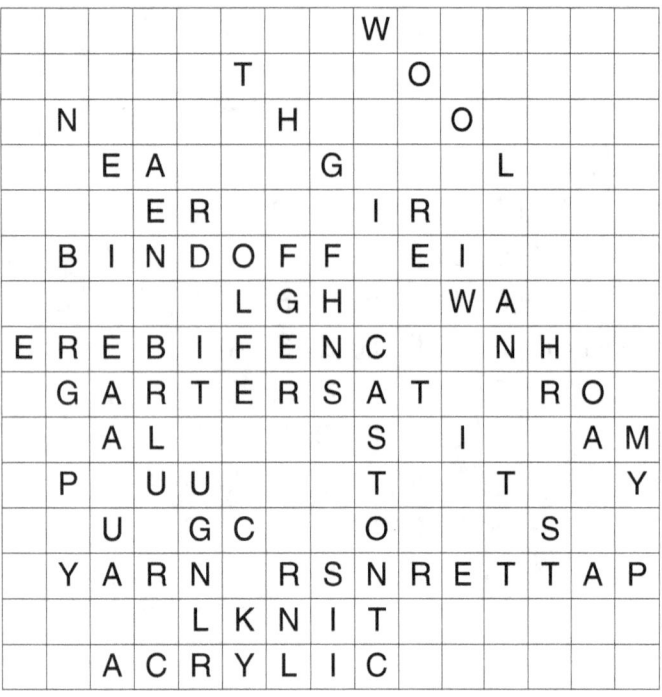

```
                  W
         T              O
   N           H              O
      E  A           G              L
         E  R                 I  R
      B  I  N  D  O  F  F        E  I
            L  G  H              W  A
   E  R  E  B  I  F  E  N  C        N  H
   G  A  R  T  E  R  S  A  T        R  O
      A  L              S  I        A  M
   P     U  U           T     T        Y
      U  G  C           O        S
   Y  A  R  N     R  S  N  R  E  T  T  A  P
         L  K  N  I  T
         A  C  R  Y  L  I  C
```

BINGO
Puzzle # 6

```
C  H  I  P  S  D  D  O
               D
E                 R  B
   G           E  M  A  G
      A        H  A  L  L  O
         C        L        B
R           R  S  S  D  R  A  C        L
M  E  W        E  R  R  A  S           E
A  N  O  L        O  E  U  E           T
   R  N  O  L     I  B  B  L           T
      K  I  D     O     N  M  E  U  E
         E  W     E     R     E  U  R  R
            R        N              S  N  S
            S
```

WOODWORKING
Puzzle # 7

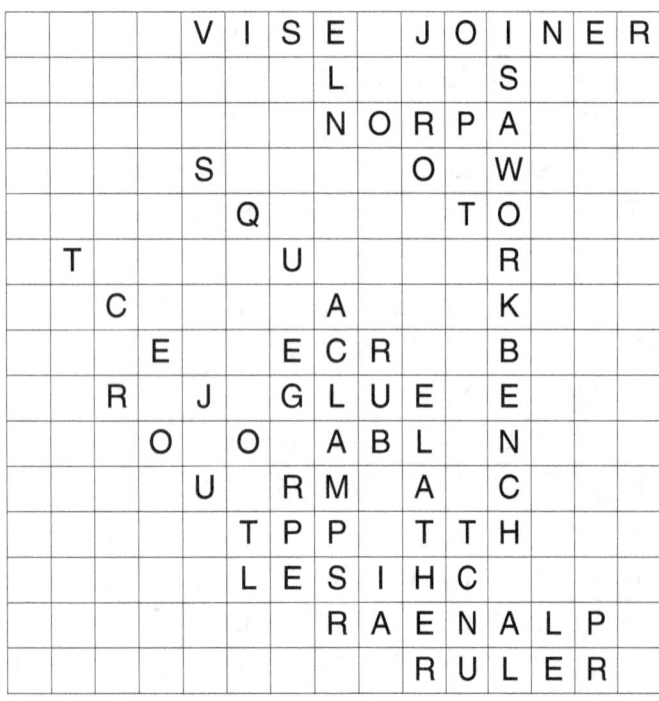

```
         V  I  S  E     J  O  I  N  E  R
                  L              S
                  N  O  R  P  A
               S        O     W
                  Q        T  O
T                 U           R
   C              A           K
      E        E  C  R        B
      R  J        G  L  U  E     E
         O  O     A  B  L        N
            U     R  M     A     C
               T  P  P     T  T  H
                  L  E  S  I  H  C
                  R  A  E  N  A  L  P
                  R  U  L  E  R
```

WRITING
Puzzle # 8

```
                     D
                  D  R  A  O  B  O  O  K  S
   K  N     R  E  P  A  P
      O     E  S  S  A  Y  S
   L  O     P  K  R
      I  B        F  I  C  T  I  O  N
         T  K     N  O  V  E  L
            E  P  R        M
   Y  H  P  A  R  G  O  I  B        E
         O     O  A     W        M
         E     M     T  E  L  B  A  T
         T     P     U
         R     T        R
         Y           E
   S  H  O  R  T  S  T  O  R  Y
```

COOKING
Puzzle # 9

```
S U T E N S I L S
S P A T U L A     B O W L S
  E R     S T R A I N E R
D   S A     P     E
  R   S Y     I   D O O F
  A   A         T L N O R P A
R   O   L         E   A
S E S   B   C     S   L L
  E M G   G       S       I O
    P I N L N K O O B K O O C
      I   T O P I   N
  W     C V T   T S A
  I     N E V O   T   P
  N       S R       U
R E T E M O M R E H T C
```

READING
Puzzle # 10

```
Y   S E I R O T S T R O H S
    H   G L A S S E S
        P M   N O I T C I F N O N
E S S A Y         H A B I T
        G R M             C
        A   G R           T
        Z   B O O K S     I
S   I         I W E     O
    L N         B K P N
    D E E P S S     C O A
    S V P     E   I O C
        O         T   B S
        E N       R O T I D E
        M             U   R
        S                 Q   C
```

BREAKFAST
Puzzle # 11

```
P   Y Y
L A   E V       M   T
Y A N T N A S S I O R C
  L E C T O R     A L     U
    L M A I H G     U K     G
S     E T K U M     S       O
  T B     J A E R J A M A         Y
  O I     C O F F E E     G
  A S R               R   E
  S C   G   N A   L     C J
A T U         O N M A H     U
  E I E S E E H C A     E     I
    T G             A N     R C
    S G   R E T T U B A G E L
      S E L F F A W       B     C
```

PLAYING POKER
Puzzle # 12

```
      V       R
        I       O
      Y   D E C K S
        T   E C A S I N O
        R   O H R T V
        R   A       I D E C A F
E N I L N O   P     P S S
O D D S   O   E
  E M A G   M   L
  K             B
    A           A
    R             T
```

FISH
Puzzle # 13

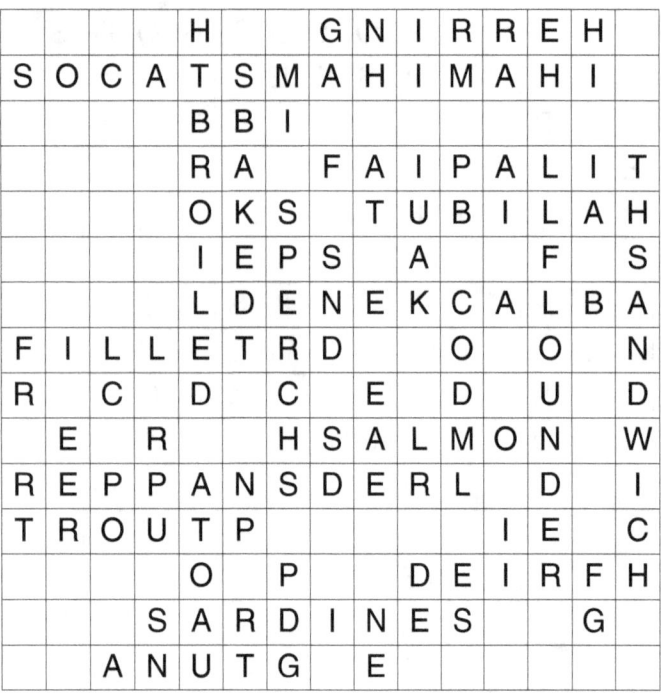

			H				G	N	I	R	R	E	H
S	O	C	A	T	S	M	A	H	I	M	A	H	I
			B	B	I								
			R	A		F	A	I	P	A	L	I	T
			O	K	S		T	U	B	I	L	A	H
			I	E	P	S	A				F		S
			L	D	E	N	E	K	C	A	L	B	A
F	I	L	L	E	T	R	D			O		O	N
R	C	D		C		E		D	U		D		
	E		R			H	S	A	L	M	O	N	W
R	E	P	P	A	N	S	D	E	R	L		D	I
T	R	O	U	T	P						I	E	C
			O		P			D	E	I	R	F	H
			S	A	R	D	I	N	E	S		G	
			A	N	U	T	G		E				

GOLF
Puzzle # 14

								F	S	E	O	H	S
					Y			A					
								E	I	D	R	I	B
						A	G				A	R	
H			T		G	E	O					P	W
S	A	T	E	E	N	L		S	B	U	L	C	A
C	N	F	O	R	E		D	R	I	V	E	R	Y
O		D			U	M			U				
R		C	I		T	A			H	O	L	E	
E	I	D	D	A	C		A	N				C	
C	G	B			R	A					I	R	
A	A				T	P					N	U	
R	L	B					U				I	O	
D	L							T				M	T

FRUITS
Puzzle # 15

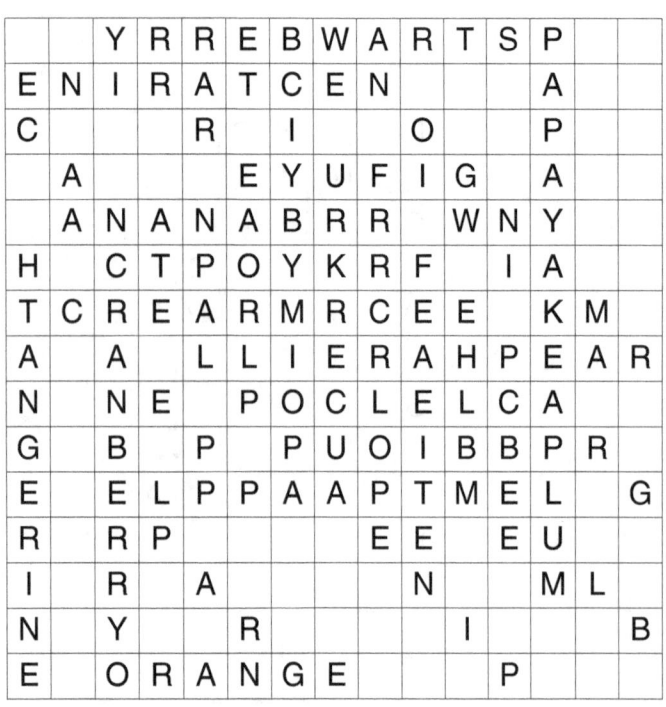

	Y	R	R	E	B	W	A	R	T	S		P		
E	N	I	R	A	T	C	E	N			A			
C			R		I			O		P				
	A			E	Y	U	F	I	G		A			
	A	N	A	N	A	B	R	R		W	N	Y		
H		C	T	P	O	Y	K	R	F		I	A		
T	C	R	E	A	R	M	R	C	E	E		K	M	
A		A		L	L	I	E	R	A	H	P	E	A	R
N		N	E		P	O	C	L	E	L	C	A		
G		B		P		P	U	O	I	B	B	P	R	
E		E	L	P	P	A	A	P	T	M	E	L		G
R		R	P			E	E		E	U				
I		R		A			N			M	L			
N		Y		R				I			B			
E		O	R	A	N	G	E			P				

GARDENING
Puzzle # 16

			G	N	I	P	A	C	S	D	N	A	L	
T	O	O	L	S	D	E	B	D	E	S	I	A	R	
					T	S	E	I	L	P	P	U	S	
					N		S	C						
				M		S	A		O				S	
	R			U		T	L	M	H			Q		
G	L	O	V	E	S	L		O	P	L	O	U	G	H
	S		U	P	Z	E	C	L	O	G	S	A		
	D	N	T	R	I	G	H	S	L			R		
	A	A	D	U	L	D	T			T	E			
	P	B	O	N	I	E			I	F				
M	O	W	E	R	O	E	T	H	L	O				
		E	U	R	R	R	L	O						
O	R	G	A	N	I	C	S	E	T					
		K			R	F								

ICE CREAM FLAVORS
Puzzle # 17

	T	N	A	T	I	L	O	P	A	E	N		
N		I		N	O	M	A	N	N	I	C		
	A		L	T	A	A		N			O	P	
		C		Y	P	N	N	L		O		F	I
C		E		Y	R	S	I	A	L		M	F	S
O	E		H	P	R	R	A	M	B	I	I	E	T
O		C		C	R	R	E	N	R		N	E	L	A
K		T	I	D	A	E	E	B	A	E	T	A		C
I			U	R	N	E	T	H	E	N	P		V	H
E			N	O	O	P	T	C	U	A	P		I
D				O	C	M		U	K	L	B	E	O
O				C	I	L		B	C	B		P
U		C	H	O	C	O	L	A	T	E	A		
G	O	N	G	G	E			C			L
H	Y	D	N	A	C	N	O	T	T	O	C		B

HORSEBACK RIDING
Puzzle # 18

						K						
	G				K	C	A	T				
N	I	E	R			W		O				
	A	G	A	L	L	O	P	E	L	D	D	A	S
O		R	H	A	R	N	E	S	S	S		D	
U			S	E	V	O	L	G	T		A	
T	E	N	G	L	I	S	H				E		P
F	O				E	H				R	
I	C	R			R	A				S	N
T	H	T		B	R	I	D	L	E		T
	E	A		O	E			T		I
	L	P			O	T		E	R
	M		S			T	N		R
	E				S	A		U
	T					C	P

DOMINOES
Puzzle # 19

	R	E	N	N	I	P	S					
		T				H					
	B		H			I	U			P
M	T	U		G		D	V		F		R
T	O	E	O	I		I		O	R	F	O
O		X	O	L		A		R	U	T	L	F
N	P	F	I	F	D		R	Y	L	B	E	E
	P	O	C	N	I		T	E	L	S
	R		L	R	A	E	N		S	E	S
W		E		I	T	N	K	G		I
O			N		N	Y	T	C	A	O
O			N	G	T	R	I	M	N
D		I		W	A	H	E	A
E			W		O	I	C	L
N					N

SEWING
Puzzle # 20

S	E		N	I	B	B	O	B				
	E	L	E	N	I	H	C	A	M		
		L	B		N	D	R	E	P	P	I	Z	T
R			O	M	D		A	N	L		A
	E	N		H	I		E	R	I	P
	S	P	O		N	H		R	E	T	E
O		C	P	I	G	O	T		H	T	X	M
G	R	S	I	I	H	S	T	R	A	D	T	T	E
N	C	E	S	R	S	T	F	A	T
Y		I	L	L	S	M	U	U	A	S	P
A		K	E	V	O	A	C	B	U
R			C	V	A	R	E	N	R	R
D	T	A	I	L	O	R	G	S	S	I	N	G	E	R
S	S	E	R	T	S	M	A	E	S	C	P
Z	I	G	Z	A	G	S

Sudoku Puzzles

Each Sudoku puzzle is comprised of 81 numbers. There are 9 horizontal lines and 9 vertical lines and there are 9 smaller blocks included in each puzzle – outlined by the darker line.

Rules: Each of the 9 horizontal lines, 9 vertical lines and 9 small blocks include the numbers 1-9, without any numbers being duplicated within the given item.

To solve the puzzle, you need to figure out where the numbers 1-9 should appear in the puzzle, without violating the rules above.

Puzzle #1

EASY

			7	9	1		5	
	7	1	5	2				
2		6		8	3	7		
6	9	7						5
			6	3				
8				7			2	6
				5		1	3	
1	8	5	3			2		
	2	3	9					7

Puzzle #2

EASY

			1	7				8
2	3		5	9				7
			4				1	
8		3				1		
1		7		5		9		
4		2		1				6
6		5			7	8	2	
	7		2		1	6	5	9
		8	3				4	

Puzzle #3

EASY

				1	9	4		
	6				4			5
4				3		9	1	
		1						
6	9			5		3		8
5		3	2	4				
2	5		4	7	1		9	
	8				2		7	1
9	1		3	8	6		5	

Puzzle #4

EASY

1	3	5		9				6
		7	8					
			6	4		5	1	
6	2			8				
						6	2	8
		4	2			3	9	
				5	7		6	9
	1		4	2				3
7	5	2	9		6		4	

Puzzle #5

EASY

		3		1			4	5
7		4				2	9	6
5			6	9	4	1		
9	4	5					2	8
		6	8	4		5		
				2	5	6		4
2			4	8		9	6	
	6					3	5	
	3							7

Puzzle #6

EASY

2		5				3	9	
						6	8	
4	8	9				7		
	1			5		9	2	3
	7			2	1			
9				8	4	5		1
	4			9	7			
7	5	1	2	6	3	8		
		8	4				3	

Puzzle #7

EASY

			5	1	8			3
	4		6		3			
	5					1	7	6
				8			5	
	2		3		1	9	6	7
7	6			5	2			8
		7	1	9		6	4	
	9	5						
	1	2		3			9	

Puzzle #8

EASY

8	2			6	9	1		
	7			2				6
	5		1		3			4
	3		9		6	4		
6	8		2	7		3		
4				5			7	2
						5		7
	9	3	8		7			
1		7		9	2			

Puzzle #9

EASY

7		3			8	2	1	
			7				5	
	5					6	7	4
	2		9			3	6	1
		8		1	3	4	2	
3		1				5		
4		6	2	9			8	
				4			3	6
	8	9			5			2

Puzzle #10

EASY

4			9	1				
5			8			9	1	
2	1		3		5		7	8
	5		2	6	8	7		9
				9	4		3	1
			5					6
	4	5						7
6		7		8	9	1		2
9		2			7			

Puzzle #11
EASY

4				7		5	6	9
	9	2	4			1	8	7
	7		8	5			2	
2	4		7					
	5	9			8		4	3
		6		1				
9			5		6		3	
		4	2				5	6
		5				4		2

Puzzle #12

EASY

	9	7	2					
			5	7	6		8	9
6	5	1		9				
	4	2	1	8				3
3	7			2	5			
	8	6		4		2		7
		3		5			6	
		5			3	4	2	8
9	1						7	5

Puzzle #13

EASY

7		1	6			8		
9	4	6				7	1	3
		2		7	1		4	9
6	1				3			7
	7				4		6	
	9				5		3	
1	5		9					4
		9		3	7	2		
4				1	8			

Puzzle #14

EASY

	4			5				1
		1		8	9		7	
5	8			3				
2		3	9	4	5			
	6		7	2	3		9	5
7		5					2	
			8		1		5	
	5		3			6	4	
8			5				1	7

Puzzle #15

EASY

5		7			8			1
9				1	3			8
		6	2	7				
	2	1	5	6	7	3	9	4
			4				6	2
6								7
4				9	6		1	
		5	7		4	9		
		9	8				4	3

Puzzle #16
EASY

2								5
		5		2	1		7	
		9					2	
1	7		3	6				
5	6	2			7		4	8
		4						6
9	2						5	7
8					3	2	6	9
	5	7	9	4	2		3	

Puzzle #17

EASY

	3	8			6	1	5	2
2	9			1				8
6	1	7	2		8		9	
	4		1	6				
	8	6			7	2		9
	7				2	4		
9								
8			9		3	7	2	
	5		8	2			6	

Puzzle #18

EASY

5		6				9		2
7	1			2			8	5
9					1	4		6
		8	5	4				
		9		8		5		
		5	6		9	8	3	4
			3	7	5	6		
				9	2		5	
3		2	1				4	9

Puzzle #19

EASY

		8				2		9
3	2		7	6				8
4	9			8	2			
	4	3	1		5			6
				9		1	4	7
	6					9	5	
					1		8	
8			2		7	5	6	1
	1		8			3	9	

Puzzle #20

EASY

		1				7		
				3				4
8	6		1		7		3	
2		3			8		5	
1					4	6	7	
4	5	6	7	9		1		
	1		4	8			9	7
7		2		6		5		8
3	4	8	5					

Puzzle # 1

3	4	8	7	9	1	6	5	2
9	7	1	5	2	6	4	8	3
2	5	6	4	8	3	7	9	1
6	9	7	8	4	2	3	1	5
5	1	2	6	3	9	8	7	4
8	3	4	1	7	5	9	2	6
7	6	9	2	5	4	1	3	8
1	8	5	3	6	7	2	4	9
4	2	3	9	1	8	5	6	7

Puzzle # 2

5	4	6	1	7	2	3	9	8
2	3	1	5	9	8	4	6	7
7	8	9	4	3	6	2	1	5
8	5	3	6	2	9	1	7	4
1	6	7	8	5	4	9	3	2
4	9	2	7	1	3	5	8	6
6	1	5	9	4	7	8	2	3
3	7	4	2	8	1	6	5	9
9	2	8	3	6	5	7	4	1

Puzzle # 3

7	3	5	6	1	9	4	8	2
1	6	9	8	2	4	7	3	5
4	2	8	7	3	5	9	1	6
8	4	1	9	6	3	5	2	7
6	9	2	1	5	7	3	4	8
5	7	3	2	4	8	1	6	9
2	5	6	4	7	1	8	9	3
3	8	4	5	9	2	6	7	1
9	1	7	3	8	6	2	5	4

Puzzle # 4

1	3	5	7	9	2	4	8	6
4	6	7	8	1	5	9	3	2
2	8	9	6	4	3	5	1	7
6	2	3	5	8	9	1	7	4
5	9	1	3	7	4	6	2	8
8	7	4	2	6	1	3	9	5
3	4	8	1	5	7	2	6	9
9	1	6	4	2	8	7	5	3
7	5	2	9	3	6	8	4	1

Puzzle # 5

6	9	3	7	1	2	8	4	5
7	1	4	5	3	8	2	9	6
5	8	2	6	9	4	1	7	3
9	4	5	3	6	1	7	2	8
3	2	6	8	4	7	5	1	9
8	7	1	9	2	5	6	3	4
2	5	7	4	8	3	9	6	1
4	6	8	1	7	9	3	5	2
1	3	9	2	5	6	4	8	7

Puzzle # 6

2	6	5	1	7	8	3	9	4
1	3	7	5	4	9	6	8	2
4	8	9	6	3	2	7	1	5
8	1	4	7	5	6	9	2	3
5	7	3	9	2	1	4	6	8
9	2	6	3	8	4	5	7	1
3	4	2	8	9	7	1	5	6
7	5	1	2	6	3	8	4	9
6	9	8	4	1	5	2	3	7

Puzzle # 7

9	7	6	5	1	8	4	2	3
2	4	1	6	7	3	5	8	9
8	5	3	4	2	9	1	7	6
1	3	9	7	8	6	2	5	4
5	2	8	3	4	1	9	6	7
7	6	4	9	5	2	3	1	8
3	8	7	1	9	5	6	4	2
4	9	5	2	6	7	8	3	1
6	1	2	8	3	4	7	9	5

Puzzle # 8

8	2	4	7	6	9	1	3	5
3	7	1	4	2	5	9	8	6
9	5	6	1	8	3	7	2	4
7	3	2	9	1	6	4	5	8
6	8	5	2	7	4	3	1	9
4	1	9	3	5	8	6	7	2
2	4	8	6	3	1	5	9	7
5	9	3	8	4	7	2	6	1
1	6	7	5	9	2	8	4	3

Puzzle # 9

7	6	3	4	5	8	2	1	9
9	1	4	7	2	6	8	5	3
8	5	2	1	3	9	6	7	4
5	2	7	9	8	4	3	6	1
6	9	8	5	1	3	4	2	7
3	4	1	6	7	2	5	9	8
4	3	6	2	9	7	1	8	5
2	7	5	8	4	1	9	3	6
1	8	9	3	6	5	7	4	2

Puzzle # 10

4	7	8	9	1	6	3	2	5
5	6	3	8	7	2	9	1	4
2	1	9	3	4	5	6	7	8
3	5	1	2	6	8	7	4	9
8	2	6	7	9	4	5	3	1
7	9	4	5	3	1	2	8	6
1	4	5	6	2	3	8	9	7
6	3	7	4	8	9	1	5	2
9	8	2	1	5	7	4	6	3

Puzzle # 11

4	3	8	1	7	2	5	6	9
5	9	2	4	6	3	1	8	7
6	7	1	9	8	5	3	2	4
2	4	3	7	5	9	6	1	8
1	5	9	6	2	8	7	4	3
7	8	6	3	1	4	2	9	5
9	2	7	5	4	6	8	3	1
8	1	4	2	3	7	9	5	6
3	6	5	8	9	1	4	7	2

Puzzle # 12

8	9	7	2	3	1	5	4	6
2	3	4	5	7	6	1	8	9
6	5	1	8	9	4	7	3	2
5	4	2	1	8	7	6	9	3
3	7	9	6	2	5	8	1	4
1	8	6	3	4	9	2	5	7
4	2	3	7	5	8	9	6	1
7	6	5	9	1	3	4	2	8
9	1	8	4	6	2	3	7	5

Puzzle # 13

7	3	1	6	4	9	8	2	5
9	4	6	8	5	2	7	1	3
5	8	2	3	7	1	6	4	9
6	1	5	2	8	3	4	9	7
3	7	8	1	9	4	5	6	2
2	9	4	7	6	5	1	3	8
1	5	7	9	2	6	3	8	4
8	6	9	4	3	7	2	5	1
4	2	3	5	1	8	9	7	6

Puzzle # 14

9	4	7	2	5	6	8	3	1
6	3	1	4	8	9	5	7	2
5	8	2	1	3	7	9	6	4
2	1	3	9	4	5	7	8	6
4	6	8	7	2	3	1	9	5
7	9	5	6	1	8	4	2	3
3	7	4	8	6	1	2	5	9
1	5	9	3	7	2	6	4	8
8	2	6	5	9	4	3	1	7

Puzzle # 15

5	3	7	9	4	8	6	2	1
9	4	2	6	1	3	5	7	8
1	8	6	2	7	5	4	3	9
8	2	1	5	6	7	3	9	4
7	5	3	4	8	9	1	6	2
6	9	4	1	3	2	8	5	7
4	7	8	3	9	6	2	1	5
3	1	5	7	2	4	9	8	6
2	6	9	8	5	1	7	4	3

Puzzle # 16

2	3	6	4	7	9	1	8	5
4	8	5	6	2	1	9	7	3
7	1	9	5	3	8	6	2	4
1	7	8	3	6	4	5	9	2
5	6	2	1	9	7	3	4	8
3	9	4	2	8	5	7	1	6
9	2	3	8	1	6	4	5	7
8	4	1	7	5	3	2	6	9
6	5	7	9	4	2	8	3	1

Puzzle # 17

4	3	8	7	9	6	1	5	2
2	9	5	3	1	4	6	7	8
6	1	7	2	5	8	3	9	4
3	4	2	1	6	9	5	8	7
5	8	6	4	3	7	2	1	9
1	7	9	5	8	2	4	3	6
9	2	3	6	7	5	8	4	1
8	6	1	9	4	3	7	2	5
7	5	4	8	2	1	9	6	3

Puzzle # 18

5	8	6	7	3	4	9	1	2
7	1	4	9	2	6	3	8	5
9	2	3	8	5	1	4	7	6
6	3	8	5	4	7	2	9	1
1	4	9	2	8	3	5	6	7
2	7	5	6	1	9	8	3	4
4	9	1	3	7	5	6	2	8
8	6	7	4	9	2	1	5	3
3	5	2	1	6	8	7	4	9

Puzzle # 19

6	7	8	5	1	4	2	3	9
3	2	5	7	6	9	4	1	8
4	9	1	3	8	2	6	7	5
9	4	3	1	7	5	8	2	6
5	8	2	6	9	3	1	4	7
1	6	7	4	2	8	9	5	3
2	5	6	9	3	1	7	8	4
8	3	9	2	4	7	5	6	1
7	1	4	8	5	6	3	9	2

Puzzle # 20

9	3	1	8	4	5	7	2	6
5	2	7	9	3	6	8	1	4
8	6	4	1	2	7	9	3	5
2	7	3	6	1	8	4	5	9
1	8	9	2	5	4	6	7	3
4	5	6	7	9	3	1	8	2
6	1	5	4	8	2	3	9	7
7	9	2	3	6	1	5	4	8
3	4	8	5	7	9	2	6	1

Thank You!!